高等职业教育智慧农业系列规划教材

数据库原理及应用

主　编　王兴旺　谭春茂

图书在版编目（CIP）数据

数据库原理及应用 / 王兴旺，谭春茂主编．-- 成都：四川大学出版社，2025. 2. -- ISBN 978-7-5690-7463-5

Ⅰ．TP311.132.3

中国国家版本馆 CIP 数据核字第 20256CP435 号

书　　名：数据库原理及应用
　　　　　Shujuku Yuanli ji Yingyong
主　　编：王兴旺　谭春茂

选题策划：王　睿
责任编辑：王　睿
特约编辑：孙　丽
责任校对：周维彬
装帧设计：开动传媒
责任印制：李金兰

出版发行：四川大学出版社有限责任公司
　　　　　地址：成都市一环路南一段 24 号（610065）
　　　　　电话：(028) 85408311（发行部）、85400276（总编室）
　　　　　电子邮箱：scupress@vip.163.com
　　　　　网址：https://press.scu.edu.cn
印前制作：湖北开动传媒科技有限公司
印刷装订：武汉乐生印刷有限公司

成品尺寸：185mm×260mm
印　　张：11.5
字　　数：303 千字

版　　次：2025 年 2 月 第 1 版
印　　次：2025 年 2 月 第 1 次印刷
定　　价：46.00 元

本社图书如有印装质量问题，请联系发行部调换

四川大学出版社
微信公众号

前　　言

“数据库原理及应用”是一门理论与实践并重的课程，旨在培养学生的数据库设计、管理和应用能力。本书紧密结合 SQL Server 数据库管理系统，系统介绍了数据库的基本原理、设计方法和应用技术，既包括理论讲解又包含实训指导，做到理实一体、讲练结合，帮助读者全面掌握数据库原理与应用的核心知识和重点技能。

全书共分为 9 个任务。任务 1 为数据库理论概述，任务 2 为数据库软件安装与配置，任务 3 为数据备份与恢复，任务 4 为数据库建立与表操作，任务 5 为数据查询与视图，任务 6 为存储过程与触发器，任务 7 为约束与索引，任务 8 为事务与封锁，任务 9 为角色管理与权限。每个任务都配套了相关的实训内容。本书注重理论与实践的结合，通过丰富的教学案例，帮助读者深入理解所学知识，提升数据库原理及应用技术水平。

本书可作为高职院校高本贯通班级“数据库原理及应用”等相关课程教材，也可作为其他学历层次教育、培训的重要参考书和技术手册。

由于编者水平有限，书中错漏之处在所难免，敬请读者批评指正。

编者

2024 年 9 月

前言

编者

目　录

任务 1　数据库理论概述

1.1　数据库的世界

数据库从诞生至今已经历经五十多年，五十多年间数据库发生了巨大变化。但人们对数据库的定义仍未达成共识，在此仅列举两个比较著名的定义来阐述数据库的实质及功能。定义一，J. Martin 曾经给数据库下了一个比较完整的定义，其表述如下：数据库是存储在一起的相关数据的集合，这些数据是结构化的，无有害的或不必要的冗余，并为多种应用服务；向数据库中插入新数据，修改和检索原有数据均能按一种公用的和可控制的方式进行。当某个系统中存在结构上完全分开的若干个数据库时，则该系统包含一个“数据库”。定义二，所有的信息，不论其是以印刷形式、计算机存储单元形式，还是其他形式存在，都应视为“数据库”。

数据库具有如下功能：

(1)实现了数据共享。数据共享是指所有用户可同时存取数据库中的数据。数据共享可以有效节省存储空间，避免数据不一致的情况。

(2)有效减少数据冗余。由于数据库实现了数据共享，因此可以减少大量重复数据，从而减少了数据冗余。

(3)实现数据相互独立。数据的独立性是指数据库中数据的逻辑结构和应用程序是相互独立的，并且数据的物理结构变化并不影响数据逻辑结构。

(4)数据实现了集中控制。在文件管理方式中，数据处于一种分散状态，不同用户或同一用户在处理不同文件时各文件之间毫无关系。但是数据库可以对数据进行集中控制和管理，并通过数据模型表征数据之间的逻辑关系。

(5)确保了数据的安全性和可靠性。数据库能确保数据的安全性和可靠性主要体现在如下几个方面：

①可以防止数据丢失、错误更新等。

②确保了数据的有效性、正确性。

③数据库管理系统提供了一套成熟的方法，可以及时发现故障并且修复。

下面简要介绍与数据库技术密切相关的几个概念。

1.1.1　信息

信息是信息论中的一个术语，消息中有意义的内容通常被称为信息。1948 年，美国数学家、信息论的创始人香农在题为《通信的数学理论》的论文中指出:“信息是用来消除随机不定性的东西。”1948 年，美国著名数学家、控制论的创始人维纳在《控制论》一书中指出：“信息就是信息，既非物质，也非能量。”信息是客观世界在人们头脑中的反映。

1.1.2 数据

数据是承载信息的物理符号，是数据库中存储的基本对象。数据包括“型”和“值”，“型”代表数据的结构，“值”代表数据的具体取值。因此，一条数据受数据类型和取值范围的约束。例如，在学生信息统计单中，我们普遍感兴趣的是学生的姓名、性别、年龄、联系方式等，因此我们在数据中可以存入如下信息:王明，男，24，138××××3459。这条数据向我们传达了如下信息:学生姓名为王明，性别男，年龄 24 岁，联系方式为 138××××3459。前面的姓名、性别等为“型”，而后面的“王明”“男”等数据表述了“值”。

1.1.3 数据管理

数据管理是数据处理的基础工作，是指利用计算机技术对数据进行收集、存储、处理和应用的过程。数据管理工作包括 3 部分内容:组织和保存数据、维护数据、提供数据查询和数据统计功能。随着计算机技术的发展，数据管理经历了人工管理、文件系统、数据库系统 3 个发展阶段。在数据库系统中建立的数据结构，更充分地描述了数据间的内在联系，便于数据的修改、更新与扩充，同时保证了数据的独立性、可靠性、安全性与完整性，减少了数据冗余，进而提高了数据共享程度及数据管理效率。

1.1.4 数据库管理系统

数据库管理系统(Database Management System，DBMS)是管理数据库的软件系统，由一组计算机程序组成，管理并控制数据库。数据库管理系统是数据库系统的核心，为用户提供组织和存储数据、获取和维护数据的功能。其具体功能如下：

(1)定义数据库。数据库管理系统提供数据定义语言(Data Definition Language，DDL)，用户可以方便地定义数据库，包括对外模式、内模式等的定义，以及对表等对象的定义。

(2)操纵数据库。数据库管理系统还提供数据操纵语言(Data Manipulation Language，DML)，用户可以通过数据操纵语言实现对数据库的基本操纵，如实现对数据库的检索、插入、删除和修改等。

(3)管理数据库。数据库在建立、运行和维护时由 DBMS 进行管理、控制，以保证数据的安全性、完整性、多用户对数据的并发操作及发生故障后的系统恢复。

(4)建立和维护数据库。主要包括数据库数据批量载入、数据库的转储、数据库的重组织、性能监视与分析等。

除此之外，数据库管理系统还具有与网络中其他软件系统的通信功能等。

1.1.5 数据库系统

数据库系统(Database System，DBS)是指由数据库及其管理系统组成的系统。

数据库系统具有以下功能：

①能够保证数据的独立性。

②冗余数据少，数据共享程度高。

③系统的用户接口简单，用户容易掌握，使用方便。

④能够确保系统运行可靠，出现故障时能迅速排除；能够保护数据不受非授权者访问或破坏；能够防止错误数据的产生，一旦产生也能及时发现。

⑤有重新组织数据的能力，能改变数据的存储结构或存储位置，改善频繁插入、删除操作造成的数据组织零乱等。

⑥具有可修改性和可扩充性。

⑦能够充分描述数据间的内在联系。

1.2　数据库的发展历程及研究方向

数据库的起源可以追溯到五十多年前，发展至今大致经历了 3 个阶段：

(1)人工管理阶段(20 世纪 40 年代中期到 50 年代中期)。

(2)文件系统阶段(20 世纪 50 年代末期到 60 年代中期)。

(3)数据库系统阶段(20 世纪 60 年代末期至今)。

1.2.1　人工管理阶段

人工管理阶段，人们使用汇编语言操纵数据，外存只有卡片、纸带、磁带及磁盘(1956 年 IBM 生产出第一个磁盘驱动器——Model 305 RAMAC)等。这个时期的数据处理方式为数据批处理。其特点如下：

(1)不保存数据，数据用完就撤走。

(2)没有专门的数据管理软件，因此这个时期程序员的负担很重。

(3)数据不共享。

(4)有程序的概念，数据不具有独立性。

(5)数据面向应用程序，因此运行过程中会产生大量冗余数据。

人工管理阶段数据处理的示意图，如图 1-1 所示。

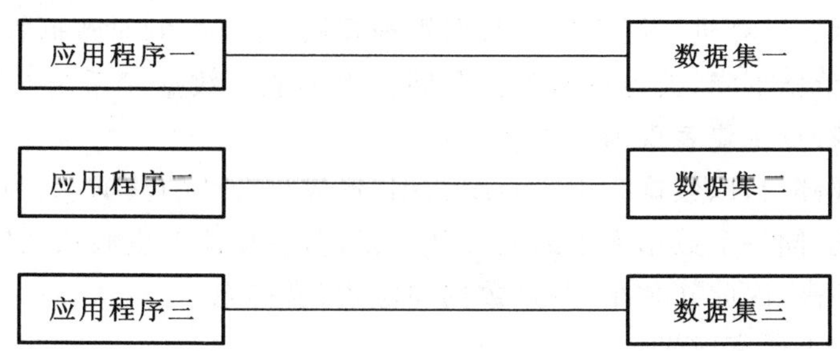

图 1-1　人工管理阶段数据处理示意图

在此阶段，雷明顿兰德公司(Remington Rand Corporation)(1951 年)研发了 Univac 系统，该系统使用磁带和穿孔卡片存储数据，从而引发了数据管理的革命。

1.2.2 文件系统阶段

文件系统阶段主要标志为计算机中有了专门管理数据的软件——操纵系统。此阶段磁盘、磁鼓等计算机外存设备的出现推动了软件技术的发展，而操纵系统的出现标志着数据管理步入一个新的阶段。

在文件系统阶段，数据以文件为单位存储在外存设备中，并且由操纵系统统一管理。文件的物理结构和逻辑结构彼此分离，数据和程序相互独立。此阶段的硬件包括磁盘、磁鼓等外存设备；软件为操纵系统、高级语言，操纵系统中的文件系统是专门用于数据管理的磁盘操作系统(Disk Operating System，DOS)。文件系统阶段对文件实行批处理、联机实时处理。此阶段的特点如下：

(1)数据可长期保存。

(2)通过文件系统管理数据。

(3)数据共享性差，数据的组织是面向程序的，会出现大量冗余。

(4)数据独立性比较差。

文件系统阶段数据处理示意图，如图 1-2 所示。

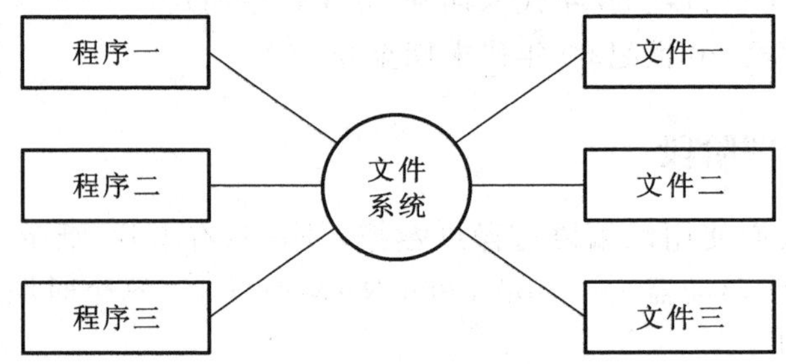

图 1-2 文件系统阶段数据处理示意图

在此阶段，美国通用电气公司 Bachman 等人于 1961 年开发成功的集成数据存储(Integrated Data Store，IDS)是最早出现的网状 DBMS，也是第一个数据库管理系统，奠定了网状数据库的基础。

1.2.3 数据库系统阶段

数据库系统阶段，计算机广泛应用于数据管理领域，并且人们对数据管理技术提出了更高的要求。由于硬件价格下降，大容量的磁盘存储成为可能。数据库系统对数据管理采用联机实时处理方式。其特点主要表现为以下几点：

(1)面向企业或部门，以数据为中心组织数据，形成综合性的数据库，为其他应用共享。

(2)数据结构化，同一个数据库中的文件联系紧密，在整体上也服从一定的结构形式。

(3)数据共享性高，因此冗余小，并且数据易修改、易扩充。

在此阶段，有如下研究成果。

IBM 的研究员 E. F. Codd 博士(1970 年)在刊物 *Communication of the ACM* 上发表了一篇名为“A Relational Model of Data for Large Shared Data Banks”的论文，提出了关系模型的概念，奠定了关系模型的理论基础。

IBM 的 Ray Boyce 和 Don Chamberlin(1974 年)定义了 Codd 关系数据库的 12 条准则，创造性地提出了结构化查询语言(Structured Query Language，SQL)。

美国国家标准学会(American National Standard Institude，ANSI)(1986 年)把 SQL 作为关系数据库语言的美国标准，同年公布了标准 SQL 文本。

1.2.4　数据库研究方向

从数据库发展历程可以看到，数据库学科的发展和数据库软件产业的发展是紧密相连并相互促进的。由于开展了深入的基础研究，数据库技术具有了坚实的理论基础，由此形成了一门研究范围广泛的学科——数据库。

由于需管理的信息越来越多，出现了丰富多样的数据模型(如层次模型、网状模型、关系模型、面向对象模型、半结构化模型等)，新技术也层出不穷(如数据流、Web 数据管理、数据挖掘等)。数据库的研究方向主要为信息集成、数据流管理、传感器数据库技术、半结构化数据与 XML(Extensible Markup Language，可扩展置标语言)数据管理、网格数据管理、DBMS 自适应管理等方面。

1.3　数据库应用系统的开发步骤

数据库应用系统可以分为两大类：一类是以数据为中心的应用系统，其中心任务为对数据的采集、整理和存储；另一类是以处理为中心的应用系统，其重点是使用数据，包括数据的插入、查询、统计等工作。一般企业的数据库应用系统属于后者，数据库应用系统的开发一般要经过以下几个时期，如图 1-3 所示。

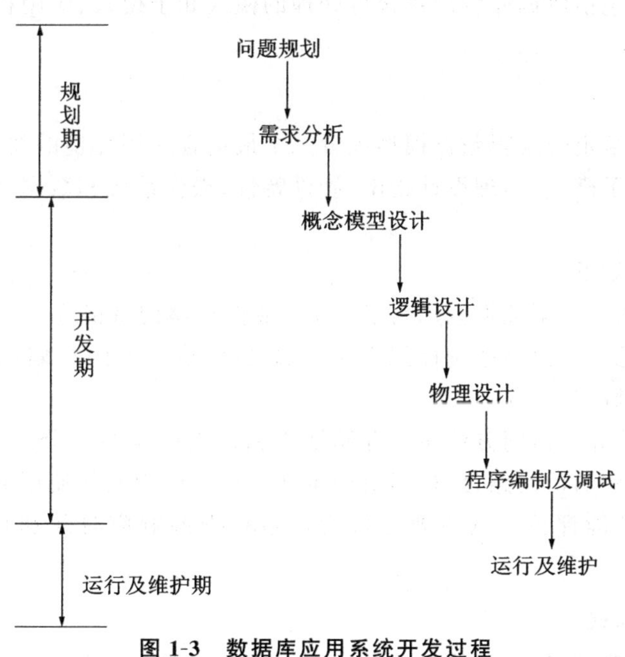

图 1-3　数据库应用系统开发过程

1.3.1 规划期

1. 问题规划

在收集整理相关资料的基础上，确定建立的数据库系统与周边的关系，并对系统进行定位，如对其规模、地位、功能等作全面的论证。

规划人力资源调配。对参与开发和维护的管理人员、技术人员提出要求并对其素质作出评估。同时对系统的开发、运行、维护的成本作出估算，预测系统效益的期望值。

2. 需求分析

(1)需求信息的采集。需求信息的采集从高层到中层再到底层逐渐展开。

(2)需求信息的分析整理。对收集到的信息做分析整理工作。

(3)评审需求信息。开发过程中的每一个阶段都要评审需求信息，避免疏漏某些需求信息。

1.3.2 开发期

1. 概念模型设计

概念模型不依赖于具体的计算机系统，它是反映信息需求的概念结构。设计概念模型常用的方法为 E-R 图方法。设计好的 E-R 图和相应的说明书可作为阶段成果。

2. 逻辑设计

逻辑设计阶段的主要目标是把概念模型转换为计算机上数据库管理系统所支持的数据模型。逻辑设计的输入要素包括概念模型、用户需求、约束条件、选用的数据库管理系统的特性。逻辑设计的输出信息包括数据库管理系统可处理的模式和子模式、应用程序设计指南、物理设计指南。

3. 物理设计

物理设计是指对给定的逻辑数据模型配置一个最适合应用环境的物理结构。物理设计的输入要素包括模式和子模式、物理设计指南、硬件特性、操作系统和数据库管理系统的约束、运行要求等。

物理设计的步骤如下：

(1)存储记录结构。根据数据应用需求，设计数据存储记录格式。

(2)存储空间分配。从提高系统性能方面考虑，应将设计好的存储记录作为一个整体，合理地分配物理存储区域。

(3)访问方法的设计。访问方法包括存储结构和检索机构两部分。存储结构限定了在访问存储记录时可以使用的访问路径；检索机构定义了每个应用实际使用的访问路径。

(4)物理设计的性能评价。其主要评价指标包括查询响应时间和存储空间、开销、系统效率。

4. 程序编制与调试

在逻辑数据结构确定以后，就可以开始编制应用程序设计。程序通常先在模拟的环境下

进行初步调试,然后进行联合调试。联合调试的工作主要包括:

(1)设计并建立数据库结构。根据逻辑设计和物理设计的结果,用 DBMS 提供的数据定义语言编写数据库的源模式,经编译得到目标模式,执行目标模式即可建立实际的数据库结构。

(2)调试运行。数据库结构建立后,装入试验数据,使数据库进入调试运行阶段。调试分为 3 个步骤:模块测试,用于测试程序的每个模块是否有错误;组装测试,用于测试模块之间的接口是否正确;确定测试,用于测试整个软件系统是否满足用户功能性要求。常用的测试方法分为白盒测试和黑盒测试两种,其设计的测试用例是不同的。

①白盒测试:又称结构测试或逻辑驱动测试。白盒测试将测试对象看作一个完全透明的盒子,测试人员可以利用程序内部的逻辑结构及相关的信息来设计或选择测试用例。因此白盒测试主要考虑的是测试用例对程序内部逻辑的覆盖程度,而不考虑程序的功能。

②黑盒测试:又称为功能测试、数据驱动测试或黑箱测试。运用这种测试方法时,程序对测试人员而言是完全不透明的。测试者不考虑程序的内部结构和特性,只根据程序的外部特性来设计程序的测试用例。测试后,应完成测试报告。该报告要说明测试的对象、测试数据的选择、测试结果是否符合预期结果。如果发现问题,要经过调试找出错误原因并及时予以改正。

1.3.3　运行及维护期

本阶段的主要任务是软件维护。软件维护是指修改软件系统在使用过程中发现的隐含错误,扩充用户在使用过程中提出的新功能要求,其目的是维护软件系统的正常运行。此阶段的主要工作是:

(1)维护数据库的安全性和完整性。按照制定的安全规范和故障恢复规范,在系统出现问题时,及时调整授权并更改密码。及时发现系统运行时出现的错误,迅速修改,确保系统正常运行。把数据库的备份和转储作为日常的工作,一旦发生故障,立即使用数据库的最新备份予以恢复。

(2)监察系统的性能。运用 DBMS 提供的性能监察与分析工具,不断地监控系统的运行情况。当数据库的存储空间或响应时间等性能下降时,立即进行分析,找出原因,并及时采取措施改进。例如,可通过修改某些参数、整理碎片、调整存储结构或重新组织数据库等方法,使数据库系统保持高效率、正常的运作。

(3)扩充系统的功能。在维持原有系统功能和性能的基础上,适应环境和需求的变化,采纳用户的合理意见,对原有系统进行扩充,增加新的功能。

需要说明的是,软件生命周期虽然按瀑布模型可以划分为若干阶段,但在实际运用中各阶段不可能按照理想状态划分。随着开发的不断延续,相邻阶段之间充满回溯、反复和交叉的过程。

任务2 数据库软件安装与配置

2.1 SQL Server 安装及升级

2.1.1 从光盘直接安装

1. 对环境的要求

如果使用 Windows Server 2003 Enterprise Edition，注意同时安装 SP1 或更高版本补丁。表 2-1 列出了 SQL Server 对安装环境的最低要求。

表 2-1 安装环境要求

组件	要求
磁盘空间	完全安装需要 350MB 硬盘空间，若要安装示例数据库还需要 390MB
内存	512 MB，建议使用 1 GB 或更大的内存(这里指的是 SQL Server Enterprise Edition)
Internet 软件	SQL Server 的安装需要 Microsoft Internet Explorer 6.0，同时安装 SP1 或更高版本，因为微软管理控制台(Microsoft Management Console，MMC)和超文本置标语言(Hyper Text Markup Language，HTML)帮助需要它，但不需要将 Internet Explorer 设置为默认浏览器。然而，如果只安装客户端组件且不需要连接到要求加密的服务器，则 Internet Explorer 4.01(同时安装 SP 2)即可满足要求
Internet 信息服务器(Internet Information Server，IIS)	如果要编写 XML 应用程序，则必须配置 IIS。安装 Reporting Services 需要 IIS 5.0 或更高版本
网络	操作系统具有 SQL Server 安装所需的内置网络软件。在安装 SQL Server 之前，必须启用 TCP/IP

2. SQL Server 的版本

SQL 中文意思为结构化查询语言，Server 中文意思为服务器。由此可以看出 SQL Server 是一款使用结构化查询语言的关系型数据库服务器，也属于网络服务器。严格意义上 SQL Server 可以被视为一个系列软件产品。为了满足不同人员对 SQL Server 的需求，SQL Server 提供了 6 个不同的版本。

(1)SQL Server Express Edition(学习版或称精简版)。

它能用于快速建立和部署数据驱动的应用系统,能方便地为应用系统嵌入一个本地数据库,且能支持基本的 Web 站点。SQL Server 学习版易于使用,是 SQL Server 轻量级版本。SQL Server 学习版可以免费下载,免费重复安装使用,并且易于新手立即使用。用户使用 Microsoft Visual Studio 学习版或者选择的开发工具,就可以立即着手建立应用系统。它的功能还包括:一个特别设计的用于处理基本数据库管理任务的工具 SQL Server Management Studio Express,一个报表向导和报表控件,简单数据复制与发布功能。SQL 学习版将支持 1 CPU、1GB 内存、4GB 数据。

(2)SQL Server Workgroup Edition(工作组版)。

它具备可靠的、强健的和易于管理的性能,是入门级数据库的理想选择。小型企业的数据库不能对规模和用户数量设限。工作组版是满足小型企业这种需求的数据管理解决方案。工作组版能服务于企业的部门或分支机构,或作为一个前端 Web 服务器。它具有管理工具集、导入/导出、有限的复制/发布能力、日志传递备份等功能。工作组版将支持 2 CPU、3 GB 内存。它具备 SQL Server 产品系列的核心数据库特点,并便于升级至标准版或企业版。

(3)SQL Server Developer Edition(开发版,功能同 SQL Server 企业版)。

它是独立软件供应商、顾问、系统集成商、解决方案供应商和开发商的理想选择。开发版使开发人员能够在 32 位和 64 位平台的基础上建立和测试任意一种基于 SQL Server 的应用系统。它具备企业版所有功能,但只被授权用于开发和测试系统,不能作为生产服务器。开发版可被升级至 SQL Server 企业版以用于生产。

(4)SQL Server Standard Edition(标准版)。

它是需要完整数据管理和分析平台的中小型企业的理想选择。标准版是为中小型企业提供的数据管理和分析平台。标准版具有电子商务、数据仓库和解决方案所需的基本功能。支持 4CPU、高可用性、64-bit 支持、数据库镜像、增强的集成服务、分析服务和报表服务、数据挖掘、完全的数据复制及发布。

(5)SQL Server Enterprise Edition(企业版)。

它是对数据需要进行复杂处理的大型企业的理想选择。依据企业联机事务处理(On-Line Transaction Processing,OLTP)、高度复杂的数据分析、数据仓储系统和 Web 站点不同级别的支持,SQL Server 企业版可调整相关功能。支持 64 个 CPU,具有无限的伸缩和分区功能,高级数据库镜像功能,稳定的在线和并行操作能力,数据库快照功能,报表生成器和定制的高扩展的报表功能,企业级的数据集成服务。由于具备广泛的商务智能、健壮的分析能力,SQL Server 企业版能承担企业最大负荷的工作量。

(6)SQL Server Mobile Edition(移动版)。

SQL Server 移动版能与 SQL Server 及 Visual Studio 完美集成,为开发人员提供一个快速建立应用系统的平台,它将企业数据管理能力延伸到移动设备。

3. SQL Server 的安装步骤

首先将 SQL Server 2005 的安装盘插入 DVD 驱动器。如果 DVD 驱动器的自动运行功能无法启动安装程序,则导航到 DVD 的根目录,然后启动 splash. hta。如果通过网络共享进行安装,则导航到网络文件夹,然后启动 splash. hta。开始安装界面如图 2-1 所示。

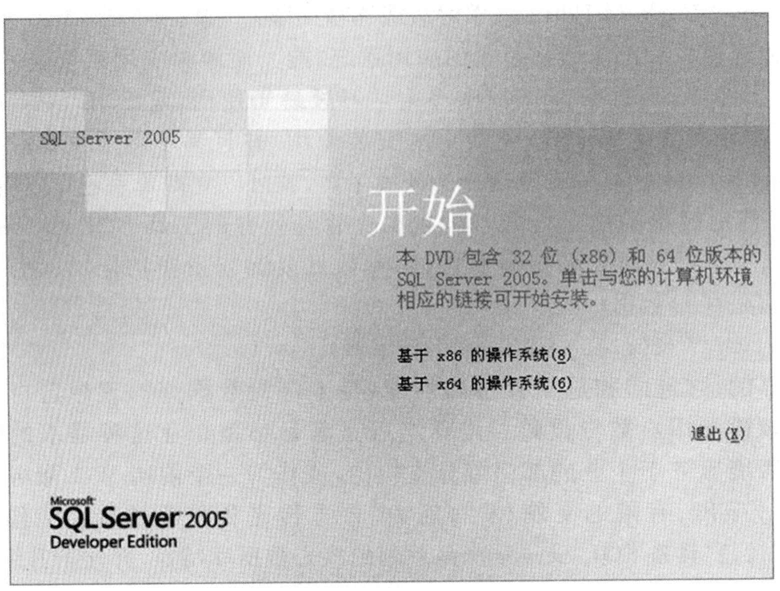

图 2-1　开始安装界面

在自动运行的对话框(图 2-2)中,单击"运行 SQL Native Client 安装向导"。

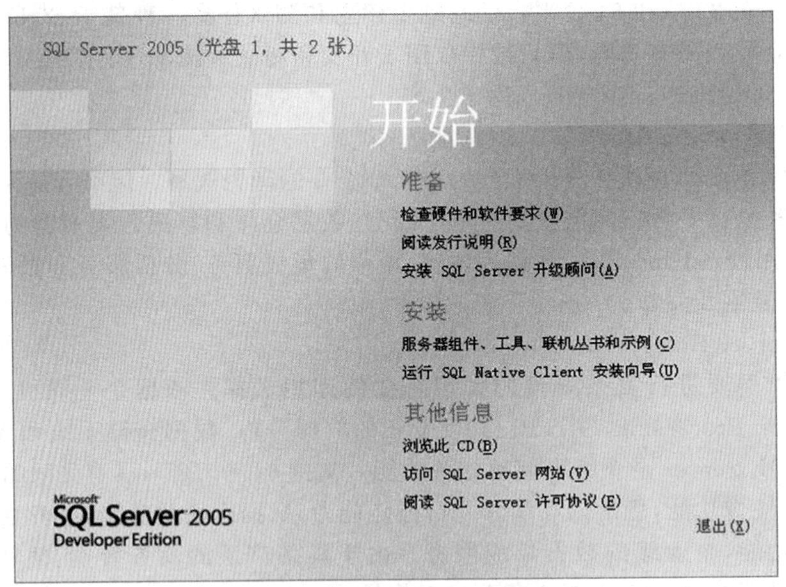

图 2-2　自动运行的对话框

在"最终用户许可协议"对话框(图 2-3),阅读许可协议,再选中复选框"我接受许可条款和条件"。接受许可协议后即可激活"下一步"按钮。若要继续,则单击"下一步"。若要结束安装程序,则单击"取消"。

在"SQL Server 组件更新"页,安装程序将安装 SQL Server 的必需软件。若要查看有关组件要求的详细信息,则单击该页底部的"帮助"按钮。若要开始执行组件更新,则单击"安装"。更新完成之后若要继续,则单击"完成"。

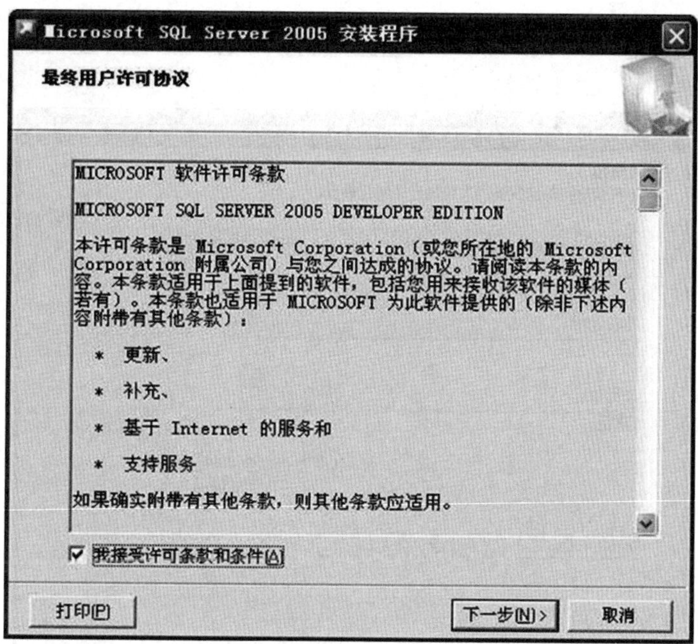

图 2-3　接受许可协议界面

在“欢迎使用 Microsoft SQL Server 安装向导”页(图 2-4)，单击“下一步”以继续安装。

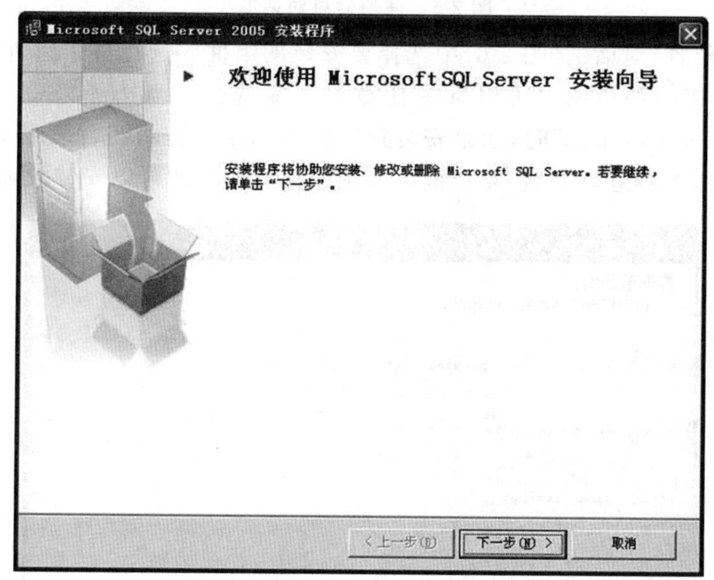

图 2-4　安装向导的“欢迎”界面

在“系统配置检查”(SCC) 页，可检查是否存在可能阻止安装程序运行的情况。若要查看有关配置检查项的信息，单击该页底部的“帮助”或参阅系统配置检查器的检查参数。若要中断扫描，单击“停止”。若要显示按结果进行分组的检查项列表，单击“筛选器”按钮，然后从下拉列表中选择类别。若要查看 SCC 结果的报表，单击“报表”按钮，然后从下拉列表中选择选项。选项包括查看报表、将报表保存到文件、将报表复制到剪贴板和以电子邮件形式发送报表。完成 SCC 扫描之后，若要继续执行安装程序，单击“继续”。

在“注册信息”对话框(图 2-5)的“姓名”和“公司”文本框中,输入相应的信息。若要继续,单击“下一步”。

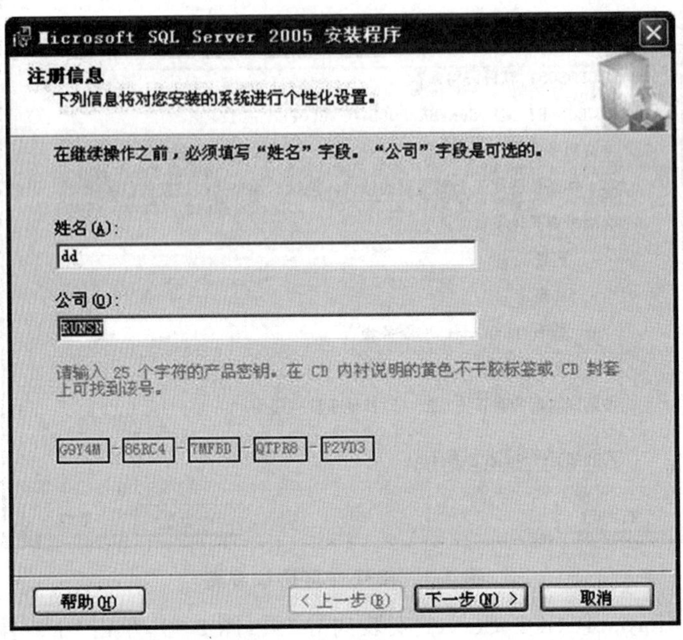

图 2-5 注册信息对话框

在“要安装的组件”对话框(图 2-6)中选择要安装的组件。选择各个组件时,“要安装的组件”窗格中会显示相应的说明。可以选中任意一个复选框。当选择“SQL Server Database Services”或“Analysis Services”时,如果安装程序检测到用户正将组件安装到虚拟服务器,则将启用“作为虚拟服务器进行安装”复选框。必须选择此选项才可以安装故障转移群集。

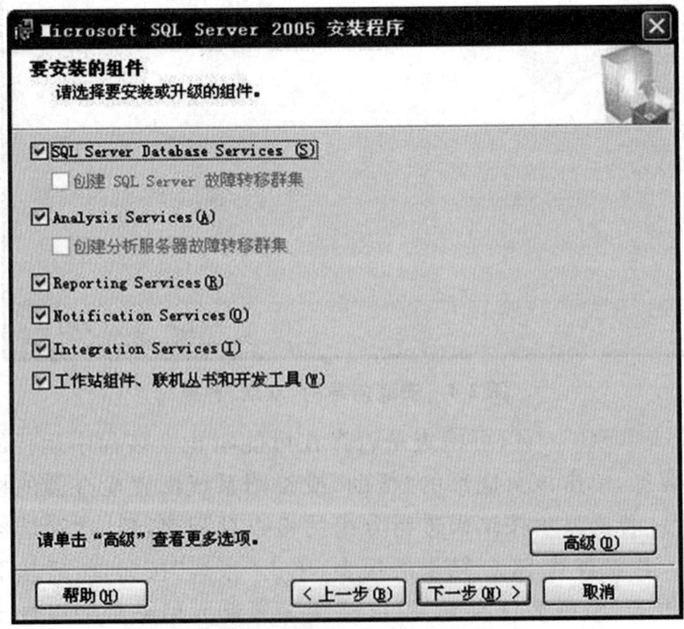

图 2-6 要安装的组件对话框

若要安装单个组件,单击“高级”。否则,单击“下一步”继续。如果单击了“高级”,此时将显示“功能选择”页。在“功能选择”页上,使用下拉框选择要安装的程序功能。若要将组件安装到自定义的目录下,在选择相应的功能后,单击“浏览”。有关此页功能的详细信息,单击“帮助”可查看。若要在完成功能选择后继续安装,单击“下一步”。

在“实例名”对话框(图 2-7),为安装的软件选择默认实例或已命名实例。如果已经安装了默认实例或已命名实例,并且为安装的软件选择了现有实例,安装程序将升级所选的实例并提供安装其他组件的选项。计算机上必须没有默认实例,才可以安装新的默认实例。若要安装新的命名实例,单击“命名实例”,然后在提供的空白处键入一个唯一的实例名。有关实例命名规则的详细信息,可单击该页底部的“帮助”获得,或查看 SQL Server 联机丛书中的实例名称主题。

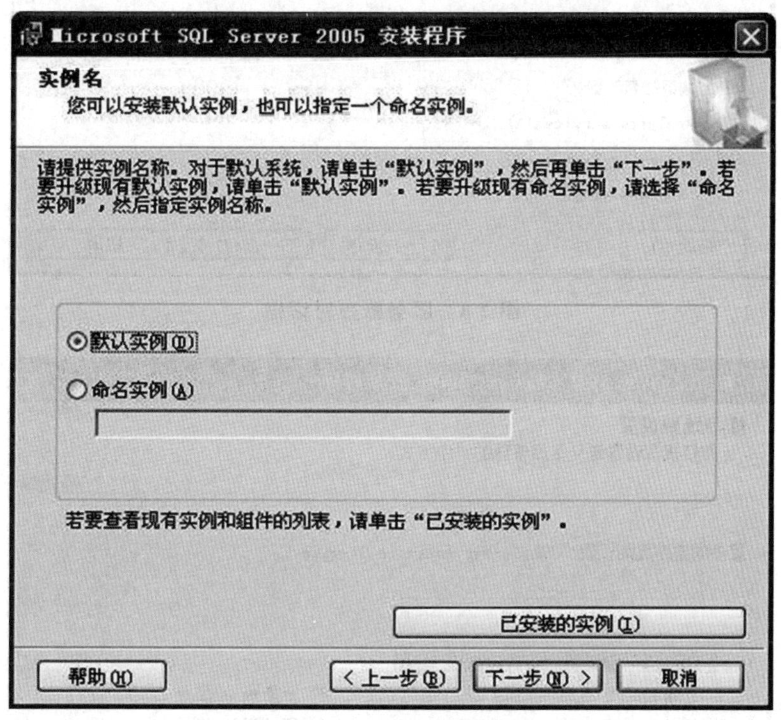

图 2-7　实例名对话框

在“服务账户”对话框(图 2-8),为 SQL Server 服务账户指定用户名、密码和域名。可以对所有服务使用一个账户,或根据需要为各个服务指定单独的账户。若要为各个服务指定单独的账户,选中“为每个服务账户进行自定义”,从下拉框中选择服务名称,然后为该服务提供登录凭据。若要继续安装,单击“下一步”。注意:域名不能为完整的域名系统(Domain Name System,DNS)名称。

在“排序规则设置”对话框(图 2-9),指定 SQL Server 实例的排序规则。可以将一个排序规则用于 SQL Server Analysis Services,也可以为各个组件分别指定排序规则。若要为 SQL Server Analysis Services 设置单独的排序规则设置,选中“为每个服务账户进行自定义”复选框。选中复选框之后,将出现下拉选择框。从下拉选择框中选择一个服务,然后分配其排序规则,对每个服务重复。若要继续安装,单击“下一步”。

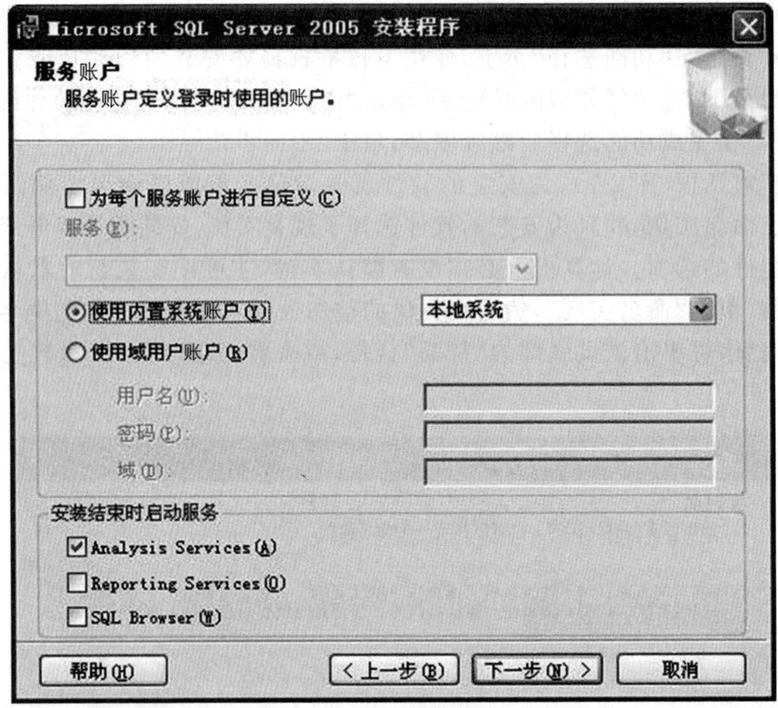

图 2-8　服务账户对话框

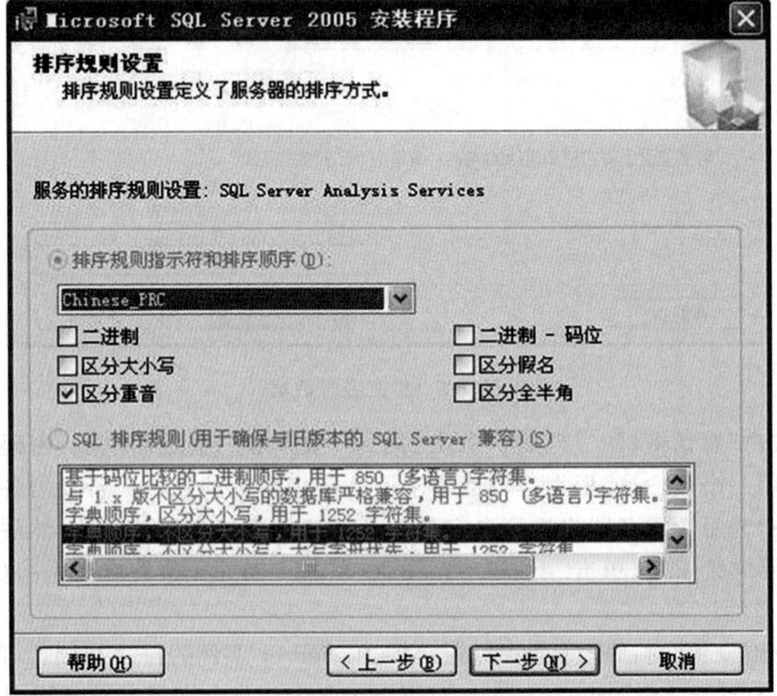

图 2-9　排序规则设置对话框

在“错误和使用情况报告设置”对话框(图 2-10)，可以清除复选框以禁用错误报告。有关错误报告功能的详细信息，可单击该页底部的“帮助”查看。若要继续安装，则单击“下一步”。

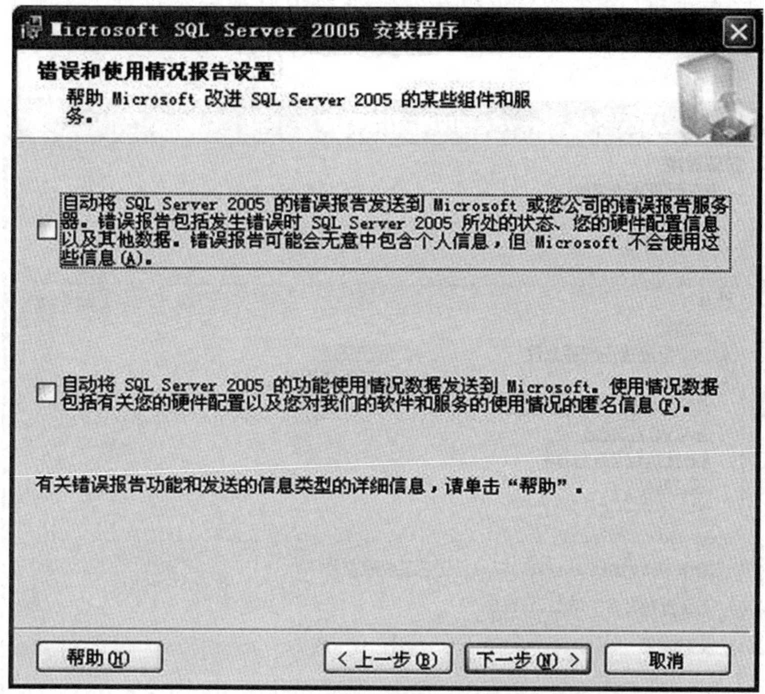

图 2-10　错误和使用情况报告设置对话框

在“准备安装”对话框(图 2-11)，查看要安装的 SQL Server 功能和组件的摘要。若要继续安装，单击“安装”。

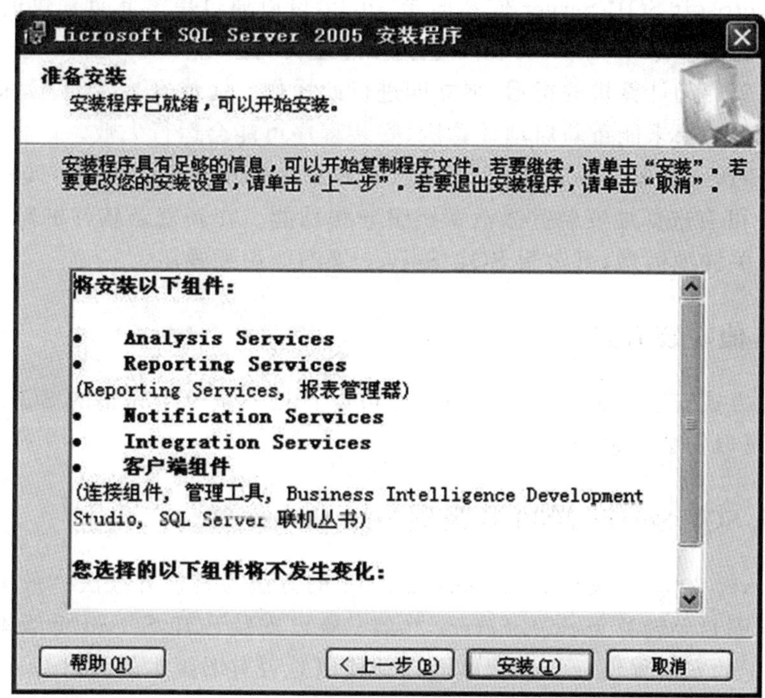

图 2-11　准备安装对话框

在“安装进度”对话框(图 2-12),可以在安装过程中监视安装进度。若要在安装期间查看组件的日志文件,在“安装进度”页上单击产品或状态名称。

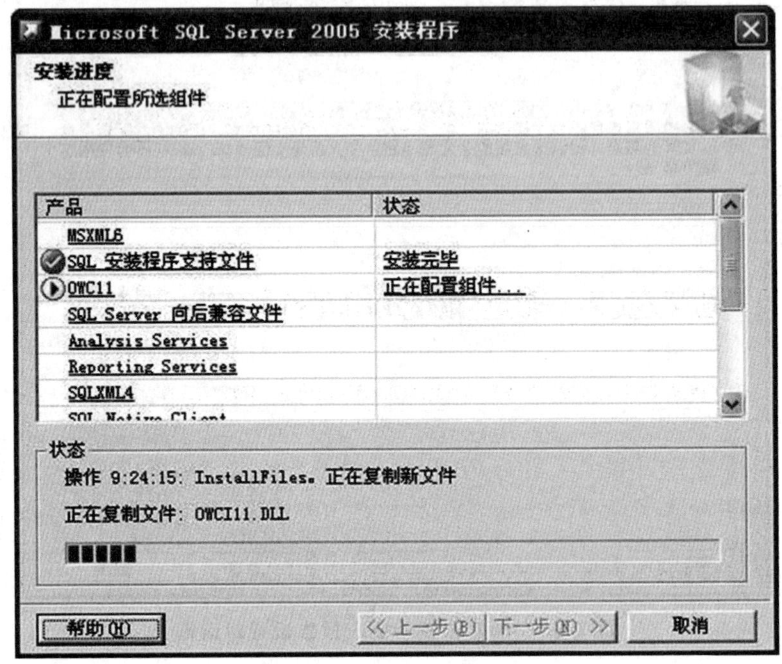

图 2-12　安装进度对话框

在“完成 Microsoft SQL Server 安装向导”页上,可以通过单击此页提供的链接查看安装摘要日志。若要退出 SQL Server 安装向导,单击“完成”。

如果得到重新启动计算机的指示,须立即进行此操作。完成安装后,阅读来自安装程序的消息是很重要的。如果未能重新启动计算机,安装程序可能会运行失败。

完成 SQL Server 的安装后,可使用图形工具和命令提示实用工具进一步配置 SQL Server。SQL Server 可有选择地安装并激活密钥服务和功能。在新安装软件的默认配置中,许多功能被禁用。有关详细信息,可参阅 SQL Server 外围应用配置器。

2.1.2　其他安装方式

除了用光盘方式安装 SQL Server 以外,还可以直接下载一个完整的 SQL Server 的 ISO 文件,解压后就可以安装 SQL Server。

2.1.3　从 SQL Server 2000 升级到 SQL Server 2014

从 SQL Server 2000 升级到 SQL Server 2014 的方法为直接升级法。采用直接升级方法可将低版本数据库自动转移至 SQL Server 2014。在已安装 SQL Server 低版本数据库的机器启动 SQL Server 的安装程序,setup 程序会自动检测是否有旧版本的 SQL Server instance,并提示用户可以直接升级。安装程序会启动升级向导,用户只要根据升级向导的提示一步步操作就可以完成从 SQL Server 2000 到 SQL Server 2014 的升级过程。

2.2 SQL Server 服务管理

启动服务是学习和使用 SQL Server 的第一步，只有启动了 SQL Server 服务特别是数据引擎服务 SQL Server，才能使用企业管理器、查询分析器等工具访问和管理数据库服务器。

2.2.1 启动 SQL Server 服务

默认情况下，SQL Server 是自动启动服务的，并在“任务栏”中显示服务器启动图标。当服务器图标上的小圆中显示一个右向的三角形时，表示 SQL Server 已经启动；当服务器图标上的小圆中显示一个小正方形时，表示 SQL Server 已经停止，即没有启动。

如果 SQL Server 不是自动启动服务的，则单击开始程序 Microsoft SQL Server 服务管理器，打开如图 2-13 所示的服务管理器对话框，在“服务”下拉列表框中选择 SQL Server，单击“开始/继续”按钮，启动数据引擎服务 sqlserver. exe 进程并且在服务器端后台运行，单击关闭服务管理器界面，在状态栏显示启动图标。这时，企业管理器、查询分析器以及应用程序等前台程序可通过客户端连接到数据库服务器并让数据库服务器运行。

图 2-13　服务管理器对话框

若要终止 SQL Server 服务管理器，右击任务栏上的 SQL Server 服务管理器图标，然后单击退出菜单，则退出 SQL Server 服务管理器，同时图标也消失了。需要指出的是，虽然服务管理器终止运行，但并不意味着 SQL Server 服务已停止了，终止的只是服务管理器程序 sql-mangr. exe。

2.2.2 停止/暂停 SQL Server 服务

通常情况下，不需要停止/暂停 SQL Server 服务。但如有必要，也可以手动停止/暂停，具体方法如下：

(1)双击任务栏中服务管理器图标，出现 SQL Server 服务管理器对话框。

(2)在“服务”下拉列表框中选择 SQL Server。

(3)单击对话框中的“停止”/“暂停”按钮，出现提示信息。单击提示信息框中的“是”按钮，即可停止/暂停 SQL Server 服务。

2.2.3 注册服务器

在使用 SQL Server Management Studio 建立或修改数据库对象、管理服务器功能之前，必须将要管理的本地的或远程的服务器注册到 SQL Server Management Studio 中。

在注册服务器时必须指定服务器组、服务器、登录服务器时使用的安全类型、登录账户和密码。具体步骤如下。

(1)在 SQL Server Management Studio 中，右击一个服务器组或者服务器图标，然后选择新建 SQL Server 注册选项，出现注册 SQL Server 向导对话框，然后单击“下一步”按钮。

(2)在可用的服务器列表框中选择所要注册的服务器名称，单击“添加”，此时右侧添加的服务器列表框中列出了添加的服务器名称，然后单击“下一步”按钮。

(3)在选择身份验证模式对话框中根据用户的需要选择验证模式，然后单击“下一步”按钮。如果选择使用 SQL Server 身份验证，必须提供登录名和密码，选择“总是提示输入登录名和密码”复选框，以便总是提示用户输入登录名和密码，而不要将登录名和密码保存在注册表中。

(4)在 SQL Server 组中，单击一个服务器组，然后单击“下一步”按钮。

(5)完成注册，系统可能花几分钟时间进行连接，并确认服务器存在且连接信息有效。

(6)重复步骤(1)到(5)，在 SQL Server 企业管理器中注册每一个服务器。

2.2.4 删除服务器

在 SQL Server Management Studio 中展开服务器组，然后展开服务器，选定所要删除的服务器，单击右键选择删除菜单，便可直接删除此服务器。

2.2.5 配置 SQL Server 服务器

在 SQL Server Management Studio 根目录下，展开服务器组，然后展开服务器，选定所要配置的服务器，单击右键选择属性菜单，便可直接对此服务器进行配置。

除服务器外，用户还可以对数据库、内存、处理器等资源进行配置。

2.2.6 创建服务器组

(1)在 SQL Server Management Studio 中，右击一个服务器图标，然后选择“新建 SQL Server 组”选项。

(2)在名称框中，为该新服务器组输入唯一名称。

(3)根据用户的需要，可以选择顶层组、下面项目子组。

(4)单击“确定”按钮，完成新服务器组创建。

2.3　SQL Server 新增功能、主要工具和系统需求

2.3.1　SQL Server 的新增功能

表 2-2 列出了 SQL Server 组件的新功能。

表 2-2　SQL Server 组件新功能

主题	说明
Notification Services 增强功能	Notification Services 是一种新平台，用于生成发送并接收通知的高伸缩性应用程序。Notification Services 可以使用各种设备向大量订阅方及时发送个性化消息
Reporting Services 增强功能	Reporting Services 是一种基于服务器的新型报表平台，它支持报表创作、分发、管理和最终用户访问
新增的 Service Broker	Service Broker 是一种新技术，用于生成安全、可靠和可伸缩的数据库密集型应用程序。Service Broker 提供应用程序用以传递请求和响应的消息队列
数据库引擎增强功能	数据库引擎引入了新的可编程性增强功能(如与 Microsoft .NET Framework 的集成和 Transact-SQL 的增强功能)、新 XML 功能和新数据类型。其功能还包括对数据库的可伸缩性和可用性的改进
数据访问接口方面的增强功能	SQL Server 在用于访问 SQL Server 数据库中数据的编程接口方面进行了改进。例如，SQL Native Client 是一种全新的数据访问技术，并且 .NET Framework Data Provider for SQL Server(也称为 SqlClient)也得到增强
Analysis Services 的增强功能 (SSAS)	Analysis Services 引入了新管理工具、集成开发环境以及与 .NET Framework 的集成。许多新功能扩展了 Analysis Services 的数据挖掘和分析功能
Integration Services 的增强功能	Integration Services 引入了新的可扩展体系结构和新设计器，这种设计器将作业流从数据流中分离出来并且提供了一套丰富的控制流语义。Integration Services 还对包的管理和部署进行了改进，同时提供了多项新打包的任务和转换
全文搜索增强功能	增强功能包括：并行安装，查询中指定默认语言以外的其他语言，恢复全文目录以及附加和分离全文目录
复制增强	复制在可管理性、可用性、可编程性、移动性、可伸缩性等性能方面提供了改进
工具和实用工具增强功能	SQL Server 引入了管理和开发工具的集成套件，改进了对大规模 SQL Server 系统的易用性、可管理性和操作支持

2.3.2　SQL Server 的主要工具

表 2-3 列出了 SQL Server 的主要工具。

表 2-3 主要工具列表

工具	说明
SQL Server Management Studio	用于管理关系数据库和商业智能数据库并用于编写 Transact-SQL、MDX (Multi-Dimensional Expressions,多维表达式)和 XML 代码的工具
Business Intelligence Development Studio	用于开发商业智能多维数据集、数据源、报表和 SQL Server Integration Services (SSIS) 包的工具
SQL Server 外围应用配置器	用于配置基本自动启动选项和连接选项的工具
SQL Server 配置管理器	用于配置自动启动选项和复杂的高级选项的工具
SQL Server Profiler	用于捕获和监视活动的工具
数据库引擎优化顾问	用于提高数据库性能的工具
命令提示实用工具	与 SQL Server 一起使用的命令提示工具

2.3.3 SQL Server 的系统需求

以下这些系统需求覆盖了 SQL Server 开发版运行于 32 位系统和 64 位系统的系统需求。

表 2-4 开发版系统需求表

需求主体	32 位	64 位
处理器	安装推荐:600MHz Pentium Ⅲ 兼容或更快的处理器;1GHz 或更快的处理器	1GHz AMD Opteron,AMD Athlon 64,Intel Xeon(支持 Intel EM64T)处理器,Intel Pentium Ⅳ(支持 EM64T)处理器或更快的处理器
操作系统	Microsoft Windows 2000 Server 包含 Service Pack (SP) 4 或更新版本;Windows Server 2003 标准版,企业版或者数据中心版(Datacenter Edition)包含 SP 1 或更新版本;Windows Small Business Server 2003 包含 SP 1 或更新版本	Microsoft Windows Server 2003 标准 x64 版,企业 x64 版或者数据中心(Datacenter)x64 版包含 SP 1 或更新版本;Windows XP 专业 x64 版或更新版本
内存	安装推荐:512MB 内存或更大;1GB 内存或更大	安装推荐:512MB 内存或更大;1GB 内存或更大
硬盘容量	安装推荐:大约需要 350 MB 可用硬盘空间。安装 SQL Server 在线手册、SQL Server 移动版在线手册和样本数据库大约需要 425 MB 可用硬盘空间	安装推荐:大约需要 350 MB 可用硬盘空间。安装 SQL Server 在线手册、SQL Server 移动版在线手册和样本数据库大约需要 425 MB 可用硬盘空间
驱动设备	CD-ROM 或者 DVD-ROM 驱动器	CD-ROM 或者 DVD-ROM 驱动器
显示	Super VGA (1024×768)或者更高性能的视频显示卡和监视器	Super VGA (1024×768)或者更高性能的视频显示卡和监视器
其他设备	Microsoft 鼠标或其他兼容定点设备	Microsoft 鼠标或其他兼容定点设备
其他需求	Microsoft Internet Explorer 6.0 SP 1 或更新版本。对于报表服务,用户需要安装 Microsoft Internet Information Server 5.0 或者更高版本,以及 ASP.NET 2.0 或者更高版本	Microsoft Internet Explorer 6.0 SP 1 或更新版本。对于报表服务,用户需要安装 Microsoft Internet Information Server 5.0 或者更高版本,以及 ASP.NET 2.0 或者更高版本

注意：

①SQL Server 不支持 Banyan VINES Sequenced Packet Protocol (SPP)、Multiprotocol、AppleTalk，或者 NWLink IPX/SPX 等网络协议。以前使用这些网络协议的用户必须选择其他的协议与 SQL Server 连接。

②SQL Server 可运行于 Microsoft Windows 操作系统验证的硬件环境。

③实际的系统需求可能会根据用户的系统设置以及用户选择安装的系统应用和功能有所变化，可能会需要额外的硬盘空间。

任务3　备份与恢复

3.1　备份与恢复概述

备份是数据库管理员定期将数据库复制到磁盘或者磁带上并保存起来的过程，是最容易恢复数据库和最能防止数据意外丢失的措施，可以防止数据库和表遭到破坏、介质失效或用户操作错误造成的数据灾难。恢复是在意外发生后，利用备份来恢复数据库的操作。数据库的备份与恢复用于避免数据丢失等系统故障，是保护数据库中数据的重要手段。备份是恢复的基础，恢复是备份的目的。

备份频率取决于修改数据库的频繁程度、发生意外的可能性和由意外造成的额外工作量等因素。一般情况下，数据库的检索操作频繁时，备份频率较低；数据库的更新操作频繁时，备份频率较高。

3.1.1　备份内容

在数据库遭到破坏后，可以用备份的数据进行数据库恢复。备份内容主要包括以下几个方面。

①数据库文件。数据库文件是数据库在操作系统中的具体实现形式，数据库管理员可以通过复制数据库文件的方式实现对数据库的备份。这种备份非常简单，恢复也非常方便。但是复制数据库文件之前需要分离数据库，这会造成用户数据库服务中断。另外，备份整个数据库文件通常需要占用更多的备份设备空间。

②业务数据。数据库管理员可以只针对用户在数据库中存储的业务数据进行备份，这种备份被称为数据库备份，业务数据是最主要的备份内容。但是，当数据库发生故障需要恢复时，如果只使用数据库备份来恢复，那么备份完成到数据库发生故障之间所产生的用户数据将会丢失。

③日志文件。日志文件记录了数据库中的操作及数据库的变化，可以通过对数据库日志（事务日志）进行备份来保存数据库的变化。由于所有数据库成功完成的事务都会记录在日志中，因此在数据库发生故障时，可以通过恢复日志备份的方式来恢复所有成功执行的事务，从而避免用户数据的丢失。另外，通过日志备份，还可以在恢复时选定恢复的时间点，使数据库恢复更具有灵活性。

3.1.2　备份设备

备份设备是指用来存放备份数据的设备，通常包括磁盘备份设备和磁带备份设备。

计算机通常用的硬盘就是一种磁盘。在 SQL Server 中，磁盘备份设备是指硬盘或其他磁盘存储媒体上的文件。与常规操作系统文件一样，用户可以在服务器的本地磁盘上或共享网络资源的远程磁盘上定义磁盘备份设备。

磁带备份设备是指存储在磁带上的文件。磁带备份设备的用法与磁盘备份设备相同，但是在备份前应该将磁带备份设备物理连接到运行 SQL Server 实例的计算机上。在备份操作中，如果磁带备份设备已满，系统会提示更换磁带并继续备份操作。

实施备份前，通常要创建备份设备。备份设备实际上是以文件的方式进行存储的，为了安全，最好不要将它存储在当前运行的 SQL Server 实例所在的磁盘上。

创建备份设备的语法格式如下所示。

```
sp_addumpdevice[@ devtype= ]'DeviceType'
,[@ logicalname= ]'LogicalName'
,[@ physicalname= ]'PhysicalName'
```

语法说明

(1)[@devtype=]'DeviceType'指定备份设备的类型。取值 Disk 表示以磁盘文件为备份设备；取值 Tape 表示使用 Microsoft Windows 支持的任何磁带设备。

(2)[@logicalname=]'LogicalName'是指在 BACKUP 和 RESTORE 语句中使用的备份设备的逻辑名称。

(3)[@physicalname=]'PhysicalName'是指备份设备的物理名称。物理名称必须遵从操作系统文件名规则或网络设备的通用命名约定，并且必须包含完整路径。

例 3-1　首先在 C 盘根目录创建一个文件夹 dump。创建一个名为 MyDiskDump 的磁盘备份设备，其物理名称为 C:\dump\dump.bak。

(1)在 C 盘根目录下创建文件夹 dump。

(2)执行下列语句，创建磁盘备份设备。

```
USE master
GO
EXEC sp_addumpdevice 'disk', 'MyDiskDump','
C:\dump\dump.bak'
GO
```

在"对象资源管理器"窗口中展开当前服务器节点，再依次展开"服务器对象""备份设备"节点就可以看到所有可用的备份设备，如图 3-1 所示。此时，备份设备对应的物理文件还没有被创建起来，只有完成一次备份操作以后，这个文件才能被创建起来。

图 3-1　所有可用的备份设备

当设备无用时，可以删除备份设备。删除备份设备的语法格式如下所示。

```
sp_dropdevice[@ logicalname= ]'device'[,[@ delfile= ]'delfile']
```

语法说明

(1)[@logicalname=]'device'指定备份设备的逻辑名称。

(2)[@delfile=]'delfile'指定是否删除物理备份设备文件。如果指定为 delfile,则删除物理备份设备磁盘文件。

3.1.3 数据库恢复模式

SQL Server 系统遵循“先写日志,再操作数据库”的原则。根据对日志的处理方式,SQL Server 提供了 3 种恢复模式。

1. 简单恢复模式

该模式简略地记录了大多数事务。在这种恢复模式下,只能备份数据库,不能备份事务日志。因此,简单恢复模式允许将数据库恢复到上次备份处,但是数据库无法恢复到故障点或指定的时间点。

2. 完整恢复模式

该模式允许使用数据库备份和事务日志备份,完整地记录了所有的事务,并保留所有的事务日志记录,直到将它们备份。在完整恢复模式下既可以备份数据库,也可以备份完整的日志。因此,完整恢复模式可以使数据库恢复到故障点或指定的时间点。

3. 大容量日志恢复模式

此模式简略地记录了大多数大容量操作(如索引创建和大容量加载),完整地记录了其他事务。在大容量日志恢复模式下既可以备份数据库,也可以备份完整的日志。但是大容量日志恢复模式不能使数据库恢复到指定的时间点,只允许数据库恢复到事务日志备份的结尾处。大容量日志恢复模式可以提高大容量操作的效率,常用作完整恢复模式的补充。

使用 ALTER DATABASE 语句可以修改数据库的恢复模式,该语句的语法格式如下所示。

```
ALTER DATABASE DatabaseName
SET RECOVERY{FULL|BULK_LOGGED|SIMPLE}
```

语法说明

(1)DatabaseName 是被修改的数据库的名称。

(2)FULL 表示将数据库修改为完整恢复模式,BULK_LOGGED 表示将数据库修改为大容量日志恢复模式,SIMPLE 表示将数据库修改为简单恢复模式。

用户数据库默认恢复模式由 model 数据库的恢复模式决定。

例 3-2 将数据库 BookSale 的恢复模式设置为简单恢复模式。

```
USE master
GO
ALTER DATABASE BookSale SET RECOVERY SIMPLE
GO
```

3.2　数据库的备份与恢复

数据库备份是指对存储在数据库中的用户数据进行备份，是备份的主要内容。数据库备份分为完整数据库备份和差异数据库备份。完整数据库备份是指备份整个数据库，而差异数据库备份只备份自上次完整数据库备份以来发生变化的数据。

3.2.1　数据库备份与恢复的语句

用 BACKUP DATABASE 语句可以备份数据库、一个或多个文件或文件组。相应地，使用 RESTORE DATABASE 语句可以恢复数据库、一个或多个文件或文件组。

1. 备份数据库

使用 BACKUP DATABASE 语句备份数据库的语法格式如下所示。

```
BACKUP DATABASE{DatabaseName}TO〈BackupDevice〉[,....n] [WITH[DESCRIPTION= {'text'}]
[[,]DIFFERENTIAL]
[[,]{INIT|NOINIT}]
[[,]NAME= {BackupSetName}]
]
〈BackupDevice〉::=
{LogicalBackupDeviceName}|{DISK|TAPE} = 'PhysicalBackupDeviceName'
```

语法说明

(1)DatabaseName 指定备份的数据库名称。

(2)BackupDevice 指定用于备份操作的逻辑备份设备或物理备份设备。可以指定多个备份设备。

(3)DESCRIPTION＝{'text'}指定备份描述文本。

(4)DIFFERENTIAL 指定数据库备份只包含上次完整备份后更改的数据。差异数据库备份一般会比完整数据库备份占用更少的空间。

(5)INIT 表示覆盖所有的备份集，即重写所有备份。通常在完整数据库备份时使用该选项；NOINIT 表示本次备份追加到指定的备份设备上，从而保留已有的备份集，NOINIT 是默认设置。

(6)NAME＝{BackupSetName}指定备份集的名称。

(7)LogicalBackupDeviceName 是由 sp_addumpdevice 创建的备份设备的逻辑名称，数据库将备份到该设备中。

(8){DISK|TAPE}＝'PhysicalBackupDeviceName'表示允许在指定的磁盘或磁带设备上创建备份。在执行 BACKUP 语句之前不必存在指定的物理设备。

2. 恢复数据库

利用 RESTORE DATABASE 语句恢复数据库的语法格式如下所示。

```
RESTORE DATABASE{DatabaseName}[FROM〈 BackupDevice 〉[,...n]][WITH[[,]
FILE= {FileNumber}]
[[,]{RECOVERY|NORECOVERY|STANDBY= {StandbyFileName}}]
[[,]REPLACE]
]
〈BackupDevice〉::=
{LogicalBackupDeviceName}|{DISK|TAPE}= {'PhysicalBackupDeviceName'}
```

语法说明

(1)DatabaseName 是指被恢复的数据库名称。

(2)BackupDevice 指定恢复操作要使用的备份设备。可以指定多个备份设备。

(3) FILE={FileNumber} 标识要恢复的备份集。例如,FileNumber 为 1,指示备份设备中的第一个备份集,FileNumber 为 2,指示备份设备中的第二个备份集。未指定时,默认值是 1。

(4)RECOVERY 指定恢复操作回滚任何未提交的事务,在恢复进程后即可随时使用数据库,该参数为默认选项;NORECOVERY 指定恢复操作不回滚任何未提交的事务,这时数据库处于恢复状态,用户不能使用该数据库;STANDBY={StandbyFileName}指定一个备用文件,其存储在数据库的日志中,如果某个现有文件使用了指定的名称,该文件将被覆盖,否则数据库引擎会创建该文件。

(5)REPLACE 指定即使存在与将要创建的数据库具有相同名称的数据库,SQL Server 也应该创建指定的数据库及其相关文件。在这种情况下将删除现有的数据库。如果没有指定 REPLACE 选项,则会进行安全检查,以防止意外覆盖其他数据库。

3.2.2 完整数据库备份与恢复

完整数据库备份将备份整个数据库。这种备份方式易于理解并且容易实现,其他的备份与恢复操作都以完整数据库备份与恢复操作为基础。完整数据库备份对整个数据库进行备份,所以是最占用服务器资源的备份方式,不应该频繁执行。

例 3-3 完整备份并恢复数据库 BookSale。

如图 3-2 所示,在时间点 t_1 创建了表 test;在时间点 t_2 完成了一次完整数据库备份 D1;在时间点 t_3 向表 test 插入了第一条记录;在时间点 t_4 数据库系统出现故障需要恢复备份,这时只需使用完整数据库备份 D1 直接恢复数据库就可以了。

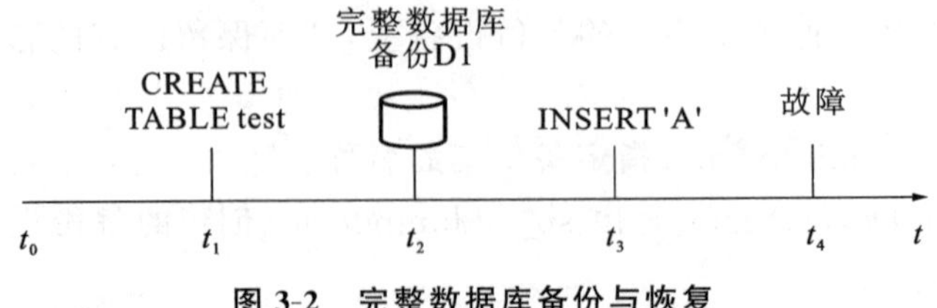

图 3-2 完整数据库备份与恢复

(1)在数据库 BookSale 中创建表 test。

```
USE master
GO
```

```
CREATE TABLE BookSale.dbo.test(col1 nchar(1))
GO
```

因为要备份和恢复 BookSale 数据库，所以首先切换到其他数据库，这里切换到 master 数据库。此时，如果要引用 BookSale 数据库的对象，需要指定该对象所属数据库及所属架构，形式为“数据库. 架构. 对象”，所以引用 test 表的形式为 BookSale. dbo. test。

(2)完整备份数据库 BookSale 到备份设备 MyDiskDump。

```
BACKUP DATABASE  BookSale TO MyDiskDump WITH NAME= 'BookSale 完整备份',
INIT
GO
```

(3)向表 test 中插入第一条记录。

```
INSERT INTO BookSale.dbo.test VALUES('A')
GO
```

(4)利用完整数据库备份恢复数据库。

```
RESTORE DATABASE BookSale FROM
MyDiskDump WITH FILE= 1,RECOVERY,
REPLACE
GO
```

还原数据库后，观察数据库会发现数据库 BookSale 中的表 test 仍存在，但是插入表中的记录丢失了。也就是说，用户在 t_2 到 t_4 之间的操作丢失了。

3.2.3　差异数据库备份与恢复

差异数据库备份将备份自上次完整数据库备份发生以后数据库中发生的变化。这种备份方式比完整数据库备份所占用的服务器资源少，可以将两种方式结合起来使用，以提高备份效率并降低数据损失的可能性。

差异数据库备份与恢复都要以完整数据库备份与恢复为基础。也就是说，在进行差异数据库备份之前，需要有该数据库的完整备份；在恢复差异数据库备份之前，需要先恢复完整数据库备份。

例 3-4　在例 3-3 已经完整备份数据库 BookSale 的基础上，进行差异数据库备份与恢复。

如图 3-3 所示，在时间点 t_0，备份设备中已经存储了完整数据库备份，数据库中存储着空表 test；在时间点 t_1，向表 test 中插入了第一条记录；在时间点 t_2，完成了第一次差异数据库备份 I1；在时间点 t_3，向表 test 中插入了第二条记录；在时间点 t_4，完成了第二次差异数据库备份 I2；在时间点 t_5，向表 test 中插入了第三条记录；在时间点 t_6，数据库出现故障需要恢复。

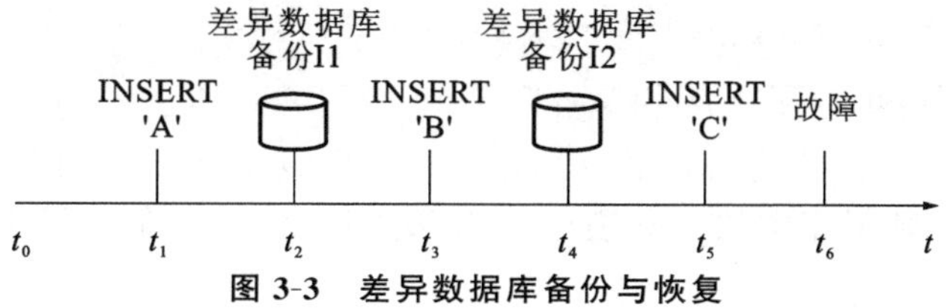

图 3-3　差异数据库备份与恢复

这时首先需要使用完整数据库备份恢复数据库。由于差异数据库备份是备份自完整数据库备份以后数据库发生的变化，所以只要再使用 I2 恢复数据库即可。此时数据库恢复到 t_4 时刻的状态。

(1)在表 test 中插入第一条记录。

```
USE master
GO
INSERT INTO BookSale.dbo.test VALUES('A')
GO
```

(2)完成第一次差异数据库备份。此时注意需要将备份集追加(NOINIT)到备份设备，而不要覆盖(INIT)备份设备，因为备份设备中的完整数据库备份需要保留。

```
BACKUP DATABASE BookSale TO MyDiskDump
WITH NAME= 'BookSale 差异备份 I1',DIFFERENTIAL,
NOINIT
GO
```

(3)向表 test 中插入第二条记录。

```
INSERT INTO BookSale.dbo.test VALUES('B')
GO
```

(4)完成第二次差异数据库备份。

```
BACKUP DATABASE BookSale TO MyDiskDump
WITH NAME= 'BookSale 差异备份 I2',DIFFERENTIAL,
NOINIT
GO
```

(5)向表 test 中插入第三条记录。

```
INSERT INTO BookSale.dbo.test VALUES('C')
GO
```

(6)利用完整数据库备份恢复数据库，并使数据库处于恢复状态 (NORECOVERY)。

```
ALTER DATABASE BookSale SET OFFLINE WITH ROLLBACK IMMEDIATE
GO
RESTORE DATABASE BookSale FROM
MyDiskDump WITH FILE= 1,NORECOVERY,
REPLACE
GO
```

(7)利用第二个差异数据库备份 I2 恢复数据库，并使数据库处于可用状态。

```
RESTORE DATABASE BookSale FROM
MyDiskDump WITH FILE= 3,RECOVERY
GO
```

恢复数据库以后，数据库中的 test 表中只有两条记录，第三条记录丢失了。也就是说，t_4 到 t_6 之间的用户操作丢失了。

3.3　事务日志的备份与恢复

结合使用完整数据库备份和差异数据库备份可以提高备份效率，降低数据丢失的风险，但是，在实际操作中，仍然存在丢失用户数据的可能性。如果希望恢复数据库中所有正确提交的事务，那么可以使用事务日志备份。通过恢复事务日志备份，可以将数据库恢复到错误发生前最后成功提交的事务发生后的状态；也可以将数据库恢复到指定的时间点（除大容量日志恢复模式外）的状态。

3.3.1　日志备份与恢复的语句

用 BACKUP LOG 语句可以备份日志。相应地，使用 RESTORE LOG 语句可以恢复日志。

1. 备份日志

使用 BACKUP LOG 语句备份日志的语法格式如下所示。

```
BACKUP LOG{DatabaseName}TO〈 BackupDevice 〉
[,...n][WITH[DESCRIPTION= {'text'}]
[[,]{INIT|NOINIT}]
[[,]NAME= {BackupSetName}]
[[,]NO_TRUNCATE]
[[,]{NORECOVERY|STANDBY= UndoFileName}]]
〈BackupDevice〉::=
{LogicalBackupDeviceName}|{DISK|TAPE}= 'PhysicalBackupDeviceName'
```

NO_TRUNCATE 是指不考虑数据库的状态即可进行数据库备份，如允许在数据库损坏时备份日志。

2. 恢复日志

使用 RESTORE LOG 语句恢复日志的语法格式如下所示。

```
RESTORE LOG{DatabaseName}[FROM〈BackupDevice〉[,...n]]
[WITH[[,]FILE= {FileNumber}]
[[,]{RECOVERY|NORECOVERY|STANDBY= {StandbyFileName}}]
[[,]REPLACE]]
〈BackupDevice〉::=
{LogicalBackupDeviceName}|{DISK|TAPE}= 'PhysicalBackupDeviceName'
```

3.3.2　日志备份与恢复的方法

备份事务日志就是备份用户对数据库的操作及数据库的变化。日志的备份采用增量的方式进行，即每次备份的日志内容是上一次备份完成后所产生的新日志。

备份日志时需要注意将数据库的恢复模式设置为“完整”或“大容量日志”，在简单恢复模式下不能备份事务日志。在数据库恢复之前，系统将提示备份日志尾部，以保存所有正确提交的事务。

例 3-5 对数据库 BookSale 执行事务日志备份与恢复。

如图 3-4 所示，在时间点 t_1 截断了表 test；在时间点 t_2 完成了一次完整数据库备份 D1；在时间点 t_3 向表 test 中插入了第一条记录；在时间点 t_4 完成了第一次日志备份 S1；在时间点 t_5 向表 test 中插入了第二条记录；在时间点 t_6 完成了第二次日志备份 S2；在时间点 t_7 向表 test 中插入了第三条记录；在时间点 t_8 数据库出现故障需要恢复。

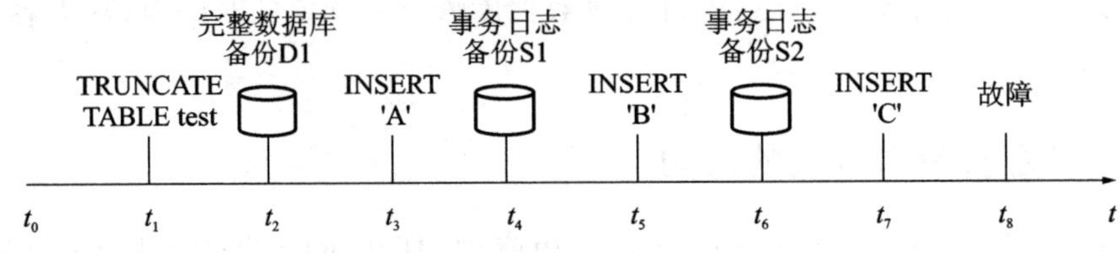

图 3-4 事务日志备份与恢复

这时，首先需要备份日志尾部并将数据库设置为恢复状态。然后，使用完整数据库备份恢复数据库。由于事务日志备份是备份自上一次备份发生以后的事务日志，所以最后需要依次使用事务日志备份 S1、S2 和日志尾部备份恢复数据库。此时数据库可以恢复到最后一次成功提交的事务完成后的状态。

(1)将数据库的恢复模式设置为“完整”恢复模式。

```
USE master
GO
ALTER DATABASE BookSale SET RECOVERY FULL
GO
```

(2)截断 test 表。

```
TRUNCATE TABLE
BookSale.dbo.test
GO
```

(3)完整备份数据库 BookSale 到备份设备 MyDiskDump，并覆盖备份设备。

```
BACKUP DATABASE BookSale TO
MyDiskDump WITH NAME= 'BookSale 完整备份',
INIT
GO
```

(4)向表 test 中插入第一条记录。

```
INSERT INTO BookSale.dbo.test VALUES('A')
GO
```

(5)第一次备份事务日志，将日志备份集追加备份到备份设备 MyDiskDump。

```
BACKUP LOG BookSale TO MyDiskDump
WITH NAME= 'BookSale 日志备份 S1',NOINIT
GO
```

(6)向表 test 中插入第二条记录。

```
INSERT INTO BookSale.dbo.test VALUES('B')
GO
```

(7)第二次备份事务日志,将日志备份集追加备份到备份设备 MyDiskDump。

```
BACKUP LOG BookSale TO MyDiskDump
WITH NAME= 'BookSale 日志备份 S2',
NOINIT
GO
```

(8)向表 test 中插入第三条记录。

```
INSERT INTO BookSale.dbo.test VALUES('C')
GO
```

(9)在还原数据库之前,首先需要备份日志尾部。备份日志尾部的方法与备份日志的方法基本相同,只是需要将数据库的状态转换到还原状态,即使用选项 NORECOVERY。

```
ALTER DATABASE BookSale
SET OFFLINE WITH ROLLBACK
IMMEDIATE
GO
ALTER DATABASE
BookSale SET ONLINE
GO
BACKUP LOG BookSale TO MyDiskDump
WITH NAME= 'BookSale 日志尾部备份',NOINIT,
NORECOVERY
GO
```

(10)使用完整数据库备份恢复数据库,由于此时还原未完成,所以需要使用选项 NORECOVERY。

```
RESTORE DATABASE BookSale FROM MyDiskDump
WITH FILE= 1,NORECOVERY,
REPLACE
GO
```

(11) 使用第一个日志备份恢复数据库，继续使用选项 NORECOVERY。

```
RESTORE LOG BookSale FROM
MyDiskDump WITH FILE= 2,
NORECOVERY
GO
```

(12) 使用第二个日志备份恢复数据库，继续使用选项 NORECOVERY。

```
RESTORE LOG BookSale FROM
MyDiskDump WITH FILE= 3,
```

```
NORECOVERY
GO
```

(13)使用日志尾部备份恢复数据库,此时数据库恢复完成,通过使用选项 RECOVERY 使数据库转换到可用状态。

```
RESTORE LOG BookSale FROM MyDiskDump
WITH FILE= 4,
RECOVERY
GO
```

恢复数据库后,表 test 中的 3 条记录全部恢复,也就是说,所有数据库操作都没有丢失。

3.4 系统数据库的备份与恢复

系统数据库保存着 SQL Server 的许多重要数据信息,这些数据如果丢失了,就会给系统带来非常严重的后果,所以要经常备份系统数据库,以便在发生系统故障(如硬盘故障)时还原和恢复 SQL Server 系统。系统数据库及其备份情况详见表 3-1。

表 3-1　系统数据库及其备份情况

系统数据库	说明	是否需要备份
master	记录 SQL Server 系统的所有系统级信息的数据库	必须经常备份 master,以便根据业务需要充分保护数据
model	在 SQL Server 实例上创建的所有数据库的模板	必须经常备份 model 以满足业务需要
msdb	SQL Server 代理用来安排警报和作业,以及记录操作员信息的数据库	更新时备份 msdb

1. 备份和还原 master 数据库

若要还原任何数据库,必须运行 SQL Server 实例。只有在 master 可供访问并且少部分可用时,才能启动 SQL Server 实例。如果 master 数据库不可用,则可以通过下列两种方式将该数据库恢复到可用状态。

(1)从当前数据库备份还原 master。

如果可以启动服务器实例,就应该能够从完整数据库备份还原 master。如果创建数据库备份后更改了 master 数据库,则这些更改将在还原备份时丢失。例如,如果执行备份后创建了一些 SQL Server 登录账户,则这些登录账户将在还原 master 数据库后丢失。

还原 master 数据库后,SQL Server 实例将自动停止。如果需要进一步修复并防止多重连接到服务器,应再次以单用户模式启动服务器,否则,服务器会以正常方式重新启动。如果选择以单用户模式重新启动服务器,应首先停止所有 SQL Server 服务(服务器实例本身除外),并停止所有 SQL Server 实用工具(如 SQL Server 代理)。停止所有服务和实用工具可以防止它们尝试访问服务器实例。

(2)完全重新生成 master。

如果由 master 严重损坏导致无法启动 SQL Server,则必须重新生成 master。然后,应该

还原 master 的最新完整备份,因为重新生成数据库会导致所有数据丢失。

如果出现以下两种情况,必须重新生成 master 数据库。

①master 数据库的当前备份不可用。

②存在 master 数据库备份,但由于 SQL Server 实例无法启动,因此无法还原备份。

2. 备份和还原 model 和 msdb 数据库

重新生成 master 数据库后,最好备份 model 和 msdb 数据库。备份 model 和 msdb 数据库的方式与备份用户数据库相同。定期检查 model 和 msdb 数据库是否发生了更改,如果是,则进行备份。

执行任一更新数据库的操作后,必须备份 model 或 msdb 数据库。

如果 model 数据库因媒体故障而受到一定程度的损坏,而且当前没有可用的备份,则添加到 model 中的所有用户特定模板信息都将丢失,必须手动重新创建。

如果 msdb 数据库被损坏,SQL Server 代理使用的所有计划信息都将丢失,必须手动重新创建。备份与还原历史记录信息也将丢失。

在下列情况下,需要从备份中还原 model 数据库或 msdb 数据库。

(1)重新生成了 master 数据库。

(2)model 数据库或 msdb 数据库已损坏(如由于媒体故障)。

在实际生产环境中,备份需要在非数据库访问高峰时间自动完成,这个工作可以通过任务计划软件来完成。

3.5　数据库的自动备份

3.5.1　利用 SQL Server Agent 自动备份数据库

在 SQL Server 内创建一个任务计划软件作为 SQL Service Agent 的一部分。下面介绍启动 SQL Server Agent 的方法。

(1)打开 SQL Server 配置管理器。

(2)在左侧窗格中选择"SQL Server 服务",然后在右侧窗格中右击"SQL Server 代理(MSSQLSERVER)",如图 3-5 所示,在弹出的快捷菜单中选择"属性"。

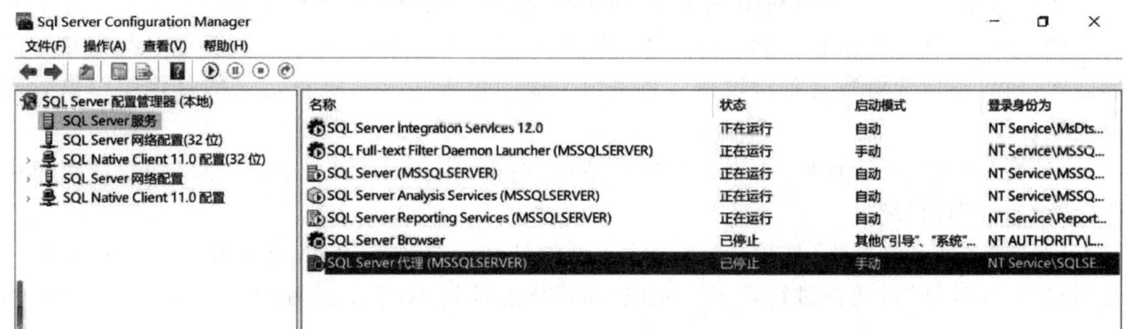

图 3-5　SQL Server 配置管理器

(3)在"服务"选项卡中找到"启动模式",并将其设置为"自动",如图 3-6 所示。单击"应用"按钮,然后单击"确定"按钮关闭对话框。

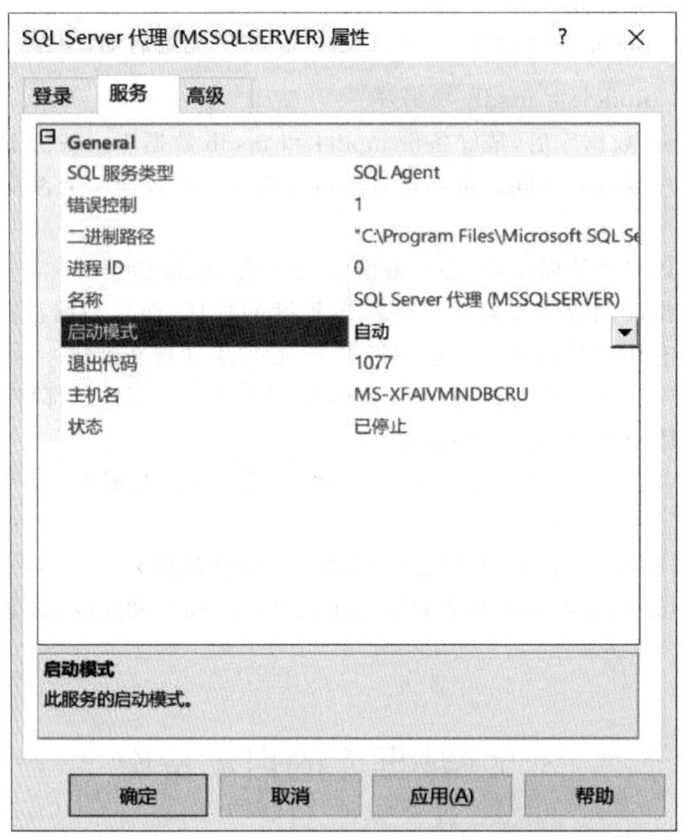

图 3-6　设置 SQL Server Agent **启动模式**

(4)在"SQL Server Agent"服务上右击鼠标,在弹出的快捷菜单中选择"启动",启动 SQL Server Agent。

启动 SQL Server Agent 后,即可实现数据库自动备份。

3.5.2　利用维护计划向导自动备份数据库

下面通过一个例子介绍利用"维护计划向导"自动完成数据库备份的方法。

例 3-6　创建一个维护计划,每天晚上完整备份数据库 BookSale。由于每次都完整备份数据库,所以备份集将覆盖备份设备。将备份生成的报告写入系统自定义的目录中以供管理员查看。

(1)在"对象资源管理器"中展开"管理"节点,右击"维护计划"节点,在弹出的快捷菜单中选择"维护计划向导"。

(2)在"选择计划属性"选项中,首先输入维护计划的名称和说明,然后单击"更改"按钮打开"新建作业计划"对话框进行设置。完成"新建作业计划"对话框设置后单击"确定"按钮返回"选择计划属性"选项。

(3)单击“下一步”按钮进入“选择维护任务”选项。在该选项中选择“备份数据库(完整)”。

(4)单击“下一步”按钮进入“选择维护任务顺序”选项,在该选项中保持默认设置。单击“下一步”按钮进入“定义‘备份数据库(完整)’任务”选项。

①选择“数据库”下拉列表,选择 BookSale 数据库。然后单击“确定”按钮回到“定义‘备份数据库(完整)’任务”选项。

②接下来设置备份集存放的位置。

(5)单击“下一步”按钮进入“选择报告选项”选项,在该选项中保持默认设置。

(6)单击“下一步”按钮进入“完成该向导”选项。单击“完成”按钮,系统将创建该维护计划,创建完成后单击“关闭”按钮。

接下来,系统将按照所定义的维护计划完成数据库备份任务。

3.6　备份与恢复的可视化方法

除了可以使用 Transact-SQL 进行数据库备份与恢复操作以外,SQL Server 还提供了可视化的工具用于数据库维护操作。

接下来将通过一个实例来介绍如何通过可视化的方式进行数据库的备份与恢复操作。整个数据库备份与恢复计划如图 3-7 所示。首先,在每天 0:00 以覆盖方式进行一次完整数据库备份;每天 12: 00 进行一次差异数据库备份;在完整数据库备份和差异数据库备份之间执行一次事务日志备份,即每天 9:00 和 15:00 分别执行一次事务日志备份。如果系统在 16:00 发生故障,则恢复数据库的过程是:首先备份日志尾部并使数据库处于恢复状态,然后依次恢复完整数据库备份、差异数据库备份和第二次事务日志备份。

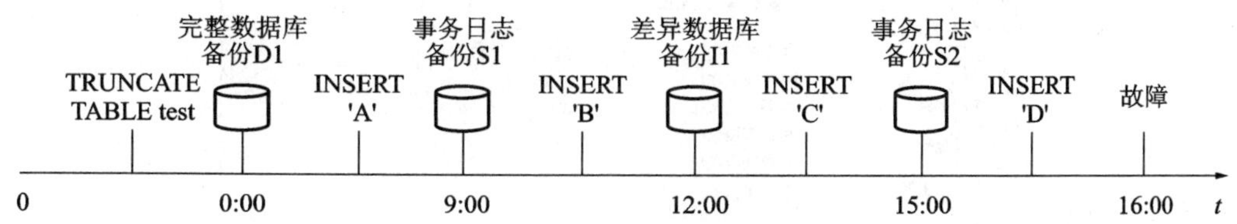

图 3-7　数据库备份与恢复计划

3.6.1　创建备份设备

(1)启动 SSMS,在“对象资源管理器”窗口中展开相应的服务器节点,展开“服务器对象”节点,在“备份设备”节点上右击鼠标,在弹出的快捷菜单中选择“新建备份设备”命令,打开“备份设备-NewDump”对话框。

(2)“备份设备-NewDump”对话框的设置如图 3-8 所示。单击“确定”按钮完成备份设备的创建。

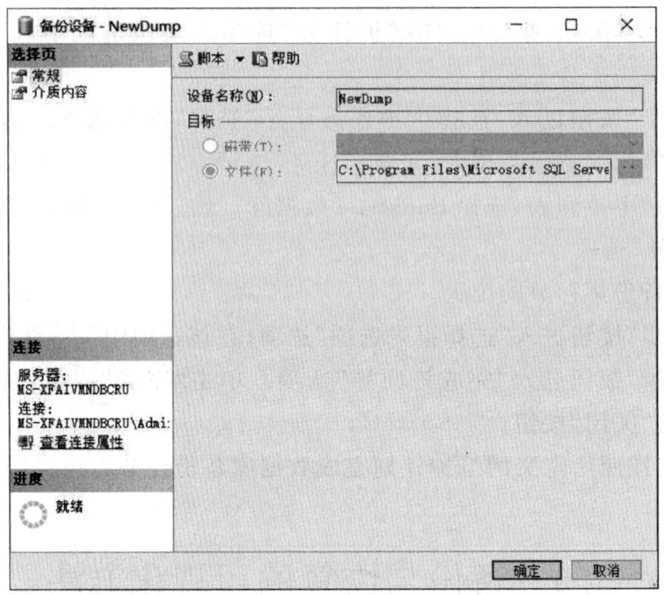

图 3-8 “备份设备-NewDump”对话框

3.6.2 修改数据库恢复模式

由于需要备份事务日志，所以需要将数据库 BookSale 的恢复模式设置为完整恢复模式。

(1)在“对象资源管理器”窗口中展开“数据库”节点，在数据库 BookSale 上右击鼠标，在弹出的快捷菜单中选择“属性”命令，打开“数据库属性-BookSale”对话框。

(2)在“数据库属性-BookSale”对话框中首先切换到“选项”页，在“恢复模式”下拉列表中选择“完整”，如图 3-9 所示，单击“确定”按钮完成数据库恢复模式的设置。

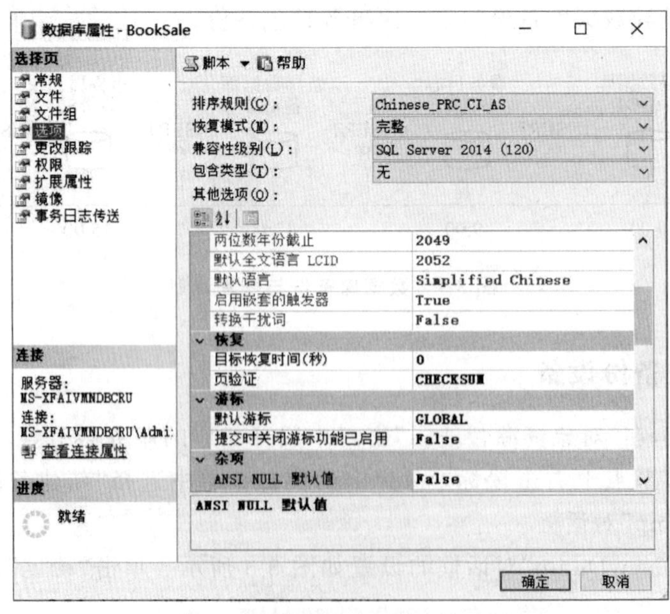

图 3-9 数据库恢复模式的设置

3.6.3　数据库备份过程

(1)执行下列 Transact-SQL 语句，在数据库 BookSale 中创建表 NewTable。

```
USE master
GO
CREATE TABLE BookSale.dbo.NewTable(col1 nchar(1))
GO
```

(2)完整备份数据库 BookSale。

①在“对象资源管理器”窗口中展开相应服务器下的“数据库”节点，在 BookSale 数据库节点上右击鼠标，在弹出的快捷菜单中依次选择“任务”“备份”命令，打开“备份数据库-BookSale”对话框。

②在“常规”页中需要特别注意将备份设备修改为 NewDump。

③切换到“选项”页，该页中选择“覆盖所有现有备份集”单选按钮。单击“确定”按钮完成完整数据库备份。

(3)执行下列 Transact-SQL 语句，向表 NewTable 中插入第一条记录。

```
INSERT INTO BookSale.dbo.NewTable VALUES('A')
GO
```

(4)备份数据库 BookSale 的事务日志。

①打开“备份数据库-BookSale”对话框。

②在“常规”页中，需要在“备份类型”下拉列表中选择“事务日志”，如图 3-10 所示。

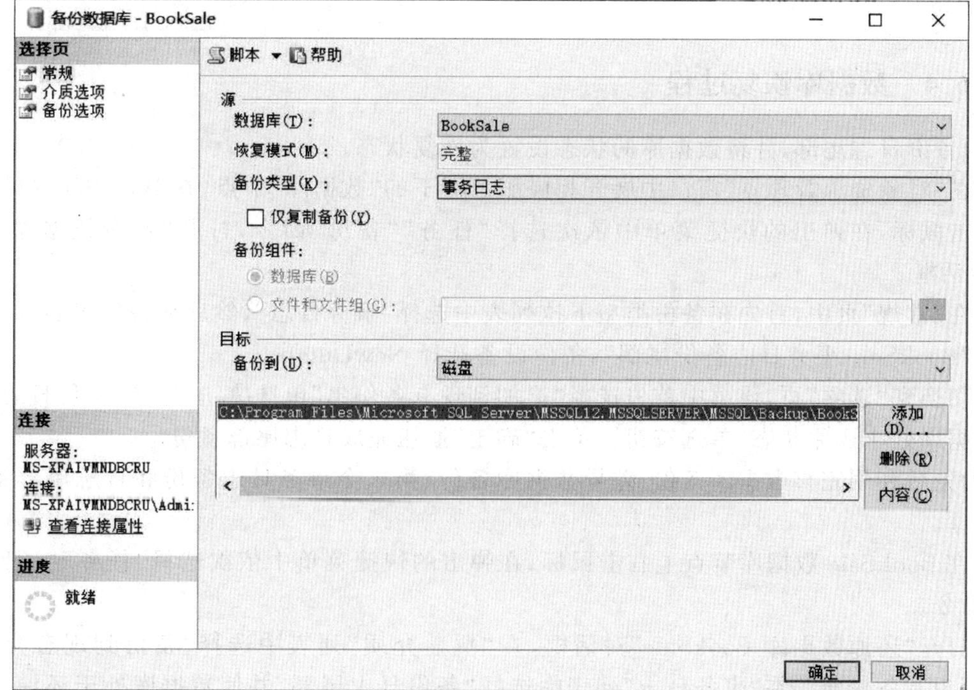

图 3-10　事务日志备份的“常规”页

③切换到“选项”页，该页保持默认设置。需要特别注意，应该选中“追加到现有备份集”单选按钮。单击“确定”按钮完成数据库事务日志备份。

(5)执行下列 Transact-SQL 语句，向表 NewTable 中插入第二条记录。

```
INSERT INTO BookSale.dbo.NewTable VALUES('B')
GO
```

(6)差异备份数据库 BookSale。

①打开“备份数据库-BookSale”对话框。

②在“常规”页中的“备份类型”下拉列表中选择“差异”。

③切换到“选项”页，该页保持默认设置。需要特别注意，应该选中“追加到现有备份集”单选按钮。单击“确定”按钮完成差异数据库备份。

(7)执行下列 Transact-SQL 语句，向表 NewTable 中插入第三条记录。

```
INSERT INTO BookSale.dbo.NewTable VALUES('C')
GO
```

(8)备份数据库 BookSale 的事务日志。

①打开“备份数据库-BookSale”对话框。

②在“常规”页中的“备份类型”下拉列表中选择“事务日志”。这里需要注意在备份集名称处输入“BookSale-事务日志备份 2”。

③切换到“选项”页，该页保持默认设置。需要特别注意，应该选中“追加到现有备份集”单选按钮。单击“确定”按钮完成数据库事务日志备份。

(9)执行下列 Transact-SQL 语句，向表 NewTable 中插入第四条记录。

```
INSERT INTO BookSale.dbo.NewTable VALUES('D')
GO
```

3.6.4 数据库恢复过程

(1)备份日志尾部，并将数据库的状态设置为恢复状态。

①在“对象资源管理器”窗口中展开相应服务器下的“数据库”节点，在 BookSale 数据库节点上右击鼠标，在弹出的快捷菜单中依次选择“任务”“备份”命令，打开“备份数据库-BookSale”对话框。

②在“常规”页中，首先在备份类型下拉列表中选择“事务日志”，然后在备份集名称文本框中输入“BookSale-事务日志备份尾部”，备份设备选择 NewDump。

③切换到“选项”页，该页中首先选择“追加到现有备份集”单选按钮，选择“备份日志尾部，并使数据库处于还原状态”单选按钮。单击“确定”按钮完成日志尾部备份。

(2)先后利用完整数据库备份、差异数据库备份、第二个事务日志备份和日志尾部备份恢复数据库。

①在 BookSale 数据库节点上右击鼠标，在弹出的快捷菜单中依次选择“任务”“还原”“数据库”命令。

②打开“还原数据库-BookSale”对话框，在“覆盖介质”列表中选择“备份到现有介质集”“追加到现有备份集”，在“事务日志”列表中选择“备份日志尾部，并使数据库处于还原状态”。单击“确定”按钮完成数据库恢复操作。

3.7　数据导入与导出

当不同的应用程序之间共享数据，或在一定范围内分发数据时，由于数据可能以不同的格式存放在不同的位置，所以就需要把数据从一个系统中导出，然后导入另一个系统中。

可以将 SQL Server 数据库中的数据导出到其他 SQL Server 数据库、数据库系统（如 Access）、Excel 文件及文本文件等，也可以从这些地方将数据导入 SQL Server 数据库。

例 3-7　将 BookSale 数据库中的 Books 表中的全部数据导出到 Excel 工作簿 Books. xls 中。

(1)启动 SSMS，在“对象资源管理器”窗口中展开相应的服务器，展开“数据库”节点，在 BookSale 数据库节点上右击鼠标，在弹出的快捷菜单中依次选择“任务”“导出数据”命令，启动“SQL Server 导入和导出向导”。

(2)在向导第一页进行数据源的选择，这次操作的数据源是 SQL Server 数据库 BookSale，保持默认设置。

(3)单击“下一步”按钮，进入向导第二页，在该页中进行导出目标的选择，这次操作的导出目标是 Excel 文件，所以在“目标”下拉列表中选择“Microsoft Excel”，并设置 Excel 文件路径和版本等选项。

(4)单击“下一步”按钮，进入向导第三页，在该页中进行表复制或查询的选择。选中“复制一个或多个表或视图的数据”选项。单击“下一步”按钮，进入向导第四页“选择源表和源视图”，这里选择表 Books。

(5)单击“下一步”按钮，进入向导第五页“查看数据类型映射”。如果没有问题则单击“下一步”按钮，进入向导第六页，在该页进行包执行设定。在该页中可以选择保存 SSIS 包供以后使用，这里保持默认设置，即“立即执行”。单击“下一步”按钮，进入向导第七页，该页显示了用户在前面的向导中所进行的设置，如果有问题，用户可以通过单击“上一步”按钮返回进行修改；如果没问题则单击“完成”按钮，进入向导第八页，系统立即按用户的设置进行数据导出操作。完成后显示“执行成功”，单击“关闭”按钮。

(6)导出数据后可以查看导出的结果。

例 3-8　将工作簿 Books. xls 的工作表 Books 中所有图书类别代号是“computer01”的图书详细信息导入 SQL Server 数据库 BookSale 中，并将新表的名称命名为 ComputerBooks。

(1)在“对象资源管理器”窗口中展开相应的服务器，展开“数据库”节点，在 BookSale 数据库节点上右击鼠标，在弹出的快捷菜单中依次选择“任务”“导入数据”命令，启动“SQL Server 导入和导出向导”。

(2)因为数据源是 Excel 工作簿 Books. xls，所以在“数据源”下拉列表中选择“Microsoft Excel”，并设置对应的 Excel 文件路径和版本等。

(3)单击“下一步”按钮，进行导入目标选择。这里的导入目标是 SQL Server 数据库 BookSale，所以保持默认设置。

(4)单击“下一步”按钮，进入向导第三页，在该页进行表复制或查询的选择。选中“编写查询以指定要传输的数据”单选按钮。

(5)单击“下一步”按钮，进入向导第四页，在该页输入对应的 SQL 查询语句。

(6)单击“下一步”按钮,进入向导第五页,在该页中将表的名称修改为ComputerBooks。

(7)单击“下一步”按钮,进入向导第六页,在该页进行包执行设定。该页保持默认设置,单击“下一步”按钮,如果没问题则单击“完成”按钮,系统立即按用户的设置进行数据导入,完成后显示“执行成功”,单击“关闭”按钮。

任务4 数据库操作与表操作

前面的3个任务介绍了数据库和SQL Server数据库的一些基础知识，这些基础知识是后面学习的前提。通过后面几个任务的学习，我们将会全面地了解SQL Server数据管理系统的具体操作。本任务是实战操作的起点，因为对数据的操作只有在建立了数据库和数据库表之后才能进行。

4.1 数据库相关知识

本任务将对SQL Server数据库管理系统中数据库的构成及数据库的相关操作进行比较全面、具体的介绍。通过本次任务的学习，学生可以比较容易地掌握SQL Server数据库管理系统中数据库的相关知识。

4.1.1 数据库

在前面的学习中我们了解了什么是数据库，数据库是“按照数据结构来组织、存储和管理数据的仓库”。但是对于数据库的存储结构和组织方式还没有一个具体的概念。

1.数据库的存储结构

数据库的存储结构分为逻辑存储结构和物理存储结构。

(1)数据库的逻辑存储结构，指的是数据库是由哪些性质的信息所组成的。SQL Server的数据库不仅仅是数据的存储，所有与数据处理操作相关的信息都存储在数据库中。

(2)数据库的物理存储结构，指的是数据库文件是如何在磁盘上存储的。数据库在磁盘上是以文件为单位存储的，由数据文件和日志文件组成，一个数据库至少应该包含一个数据文件和一个日志文件。数据库由文件组成，文件由盘区组成，盘区由页面组成。

SQL Server的数据存储基本单位是页面，在SQL Server中可以把页面分为以下几个类别：

①数据页面：用于存储数据库数据，但不包括text、ntext和image类型的数据。

②索引页面：用于存储索引数据。

③文本/图像页面：用于存储text、ntext和image类型的数据。

④全局分配页面：用于存储盘区分配的信息。

⑤页面剩余空间页面：用于存储页面剩余空间的信息。

⑥索引分配页面:用于存储页面被表或索引使用的盘区的信息。

而盘区是表和索引分配空间的基本单位。在 SQL Server 中盘区是由 8 个连续页面组成的数据结构,也就是说,每个盘区包括 8 个页面,盘区是 SQL Server 中为表和索引分配空间的最小单位。当创建一个表时,SQL Server 会自动地以盘区为单位给它分配空间。为了使存储空间的使用更加高效,SQL Server 不会将整个盘区分配给只包含少量数据的表。SQL Server 设计了如下两种类型的盘区。

①单一盘区:只被单一的数据库对象使用,8 个页面都用于这个对象。

②混合盘区:被最多 8 个对象共同使用。一个新建的表或索引首先从混合盘区中分配页面,当表或索引中的数据量增大到 8 个页面时,再将它转化为单一盘区。

2. SQL Server 数据库的组织方式

SQL Server 数据库的组织方式如图 4-1 所示。

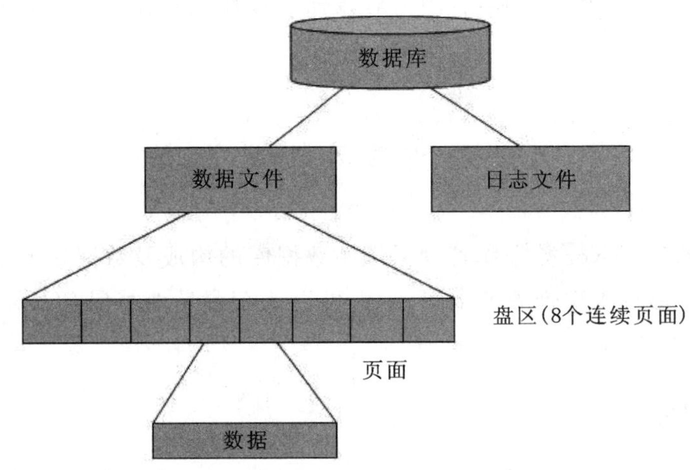

图 4-1 SQL Server **数据库管理系统的组织方式**

由图 4-1 可知,在 SQL Server 数据库管理系统中数据库文件是由数据文件和日志文件组成的,数据文件以盘区为单位存储在存储器中。

(1)数据文件。

数据文件是指数据库的文件。一个数据库的数据文件包含全部数据库数据。SQL Server 数据库的数据文件分为主数据文件和次数据文件。

①主数据文件是数据库的起点,指向数据库中其他的文件。每个数据库都有一个主数据文件。主数据文件的推荐文件扩展名是. mdf。

②次数据文件包含除主数据文件外的所有数据文件。有些数据库可能没有次数据文件,而有些数据库则有多个次数据文件。次数据文件的推荐文件扩展名是. ndf。

(2)日志文件。

日志文件用来记录用户对数据库的操作信息。例如,对数据库的操作等引起的问题日志文件都记载下来,当数据库有问题的时候可以通过查看日志文件来分析出错的原因。就好像有人有写日记的习惯,会把每天所做的事情都记录下来,日记就相当于日志文件,而人每天所做的事情就相当于对数据库的操作,当某个时刻人忘记了之前所做的事情时就去查看他所写的日记,日志文件也是这样。

在 SQL Server 数据库管理系统中，每个数据库必须至少有一个日志文件。日志文件的推荐文件扩展名是. ldf。

值得注意的是，SQL Server 不强制使用. mdf、. ndf 和. ldf 文件扩展名，但建议使用这些扩展名以帮助标识文件的用途。在 SQL Server 中，某个数据库中的所有文件的位置都记录在 master 数据库和该数据库的主数据文件中。

3. 数据库文件组

出于分配和管理的目的，可以将数据库文件分成不同的文件组，将不同文件组分配到不同的磁盘上，提高同时读写的性能。系统管理员可以为每个磁盘驱动器创建文件组，然后将特定的表、索引，或表的 text、ntext、image 数据指派给特定的文件组。此时表、索引及 text、ntext、image 数据可以与文件组相关联，在这种情况下，它们的所有页都将分配在这个文件组中。关于文件组有两点需要提醒：

(1) 日志文件不能作为文件组的一部分。日志空间与数据空间应分开管理。

(2) 文件组中的文件不自动增长，除非文件组中的文件全都没有可用空间。

4.1.2　数据库的类型及建立

1. 数据库的类型

为避免浪费磁盘空间资源或估算不足造成空间不够，在创建数据库之前数据库管理员首先要准确估算数据库空间需求。通常来说，经常被修改的数据库相比很少被修改的数据库需要更大的日志空间。

在打开 SQL Server 数据库管理系统之后，对象资源管理器中的数据库部分会呈现如图 4-2 所示的界面。

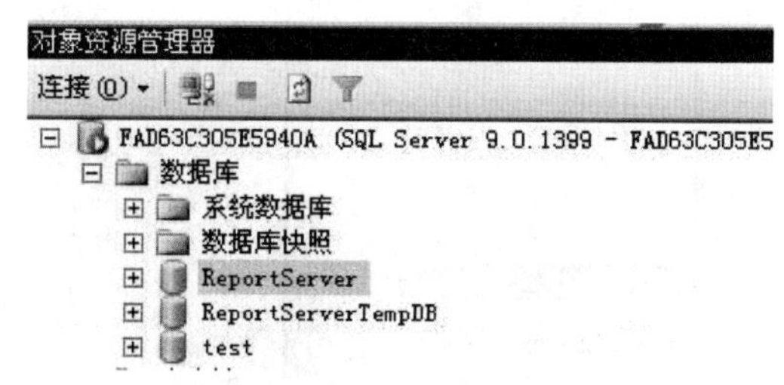

图 4-2　对象资源管理器中的数据库部分

这个界面中显示了几个有关数据的选项，有系统数据库、数据库快照、ReportServer 等，其实这些是 SQL Server 划分的 3 种数据库类型，即系统数据库、示例数据库和用户数据库。

(1) 系统数据库。

①master 数据库：记录 SQL Server 实例的所有系统级信息，定期备份，不能直接修改。

②tempdb 数据库：用于保存临时对象或中间结果集以便后续的处理，SQL Server 关闭后该数据库清空。

③model 数据库：用作 SQL Server 实例上创建的所有数据库的模板。

④msdb 数据库：用于 SQL Server 代理计划警报和作业，是 SQL Server 的一个 Windows 服务。

(2) 示例数据库。

Microsoft 公司为了使用户可以更容易地了解 SQL Server 数据库，提供了超过 100 个 SQL Server 示例，但是这些示例需要用户到 Microsoft 的官方网站下载，然后运行。其中 AdventureWorks/AdventureWorks DW 是 SQL Server 中的示例数据库(如果在安装过程中选择了安装)。该数据库以简单、易于理解的方式来展示 SQL Server 的新功能。

(3)用户数据库。

用户数据库是指用户根据数据库设计创建的数据库,如用于测试的 test 数据库。

2. 数据库的创建

在了解了几种数据库类型之后,下面主要讲述用户数据库的创建,后文简称为数据库的创建。SQL Server 提供了两种创建数据库的方式,一种是通过 SQL Server 提供的图形界面(即对象资源管理器)进行创建,另一种方式就是使用 Transact-SQL 语句进行创建。

(1)使用对象资源管理器创建数据库。

使用对象资源管理器进行数据库的创建是最为简单易行的方案，因为对象资源管理器提供给用户的是一个操作界面,用户只需要用鼠标单击就可以完成数据库的创建,更加符合用户的操作习惯。下面讲解使用对象资源管理器创建数据库的具体步骤和一些相关的注意事项。

①在“对象资源管理器”窗口中,用鼠标右键单击“数据库”文件夹,从弹出的快捷菜单中选择“新建数据库”命令,弹出新建数据库的初始页面,如图 4-3 所示。

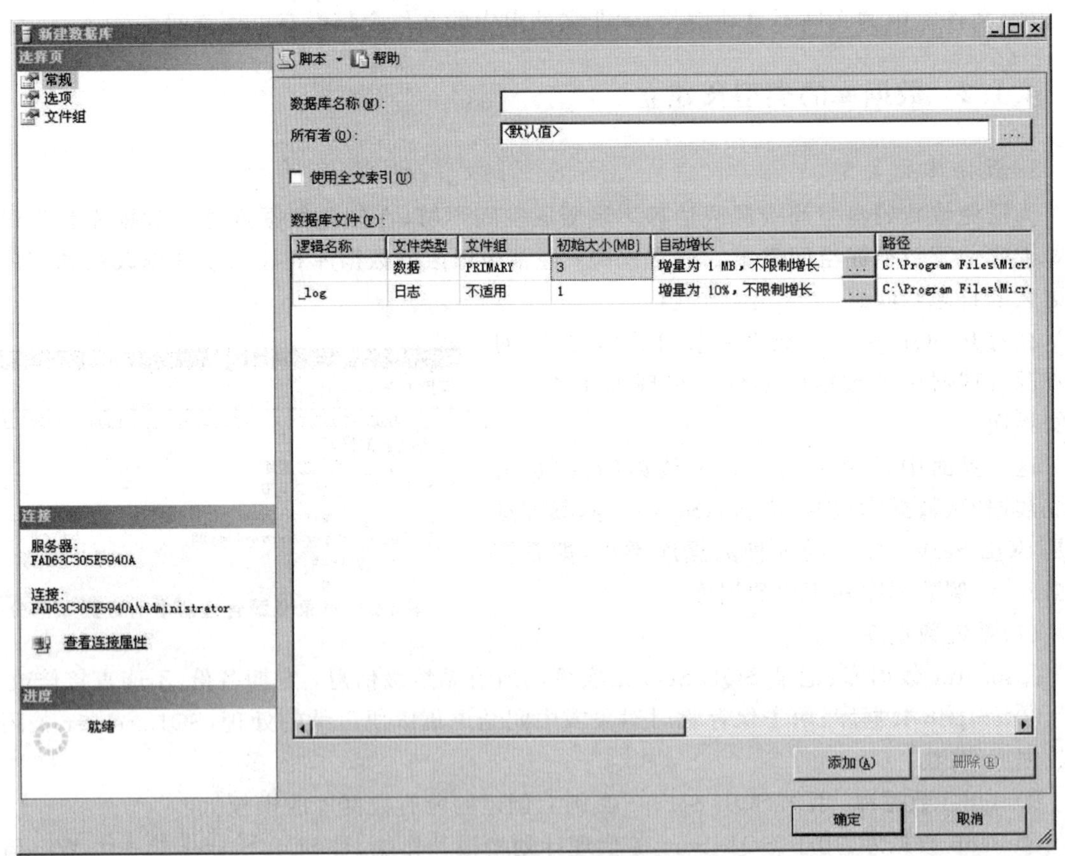

图 4-3　新建数据库的初始页面

②在窗口中根据提示输入该数据库的相关内容,如数据库名称、所有者、文件初始大小、自动增长值和保存路径等。例如,要想创建一个 test 数据库,就需要填写下面的这些数据。

a. 数据库名称 test。

b. 主数据文件保存路径 E:\test 数据库的数据文件,数据库文件存放的物理位置默认的路径是 C:\Program Files\Microsoft SQL Server\MSSQL.1\MSSQL\Data。单击右边带有

省略号(…)的按钮，打开对话框，可以在该对话框中更改数据库文件的存放位置，如图 4-4 所示。

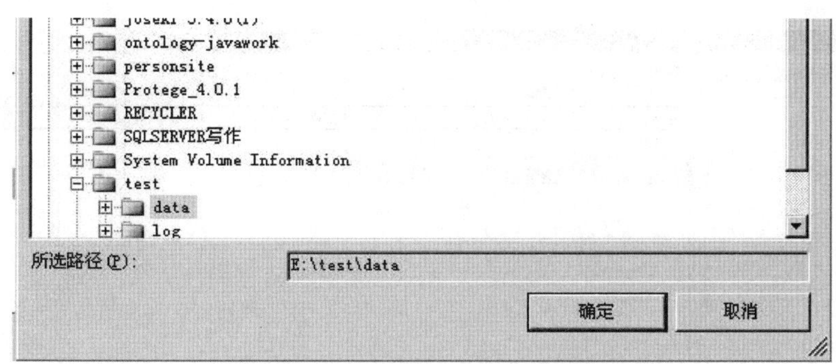

图 4-4　更改数据库文件的存放位置

主数据文件初始大小为 3MB，最大尺寸为 10MB，增长速度为 10%。日志文件保存路径 F:\test 数据库的日志文件，日志文件的重定位操作和数据文件一样。日志文件的初始大小为 1MB，最大尺寸为 2MB，增长速度为 10%。

③在"新建数据库"页左侧的窗格中单击"选项"，在选项窗格中，可设置数据库的排序规则、恢复模式、兼容级别以及一些其他选项，如图 4-5 所示。

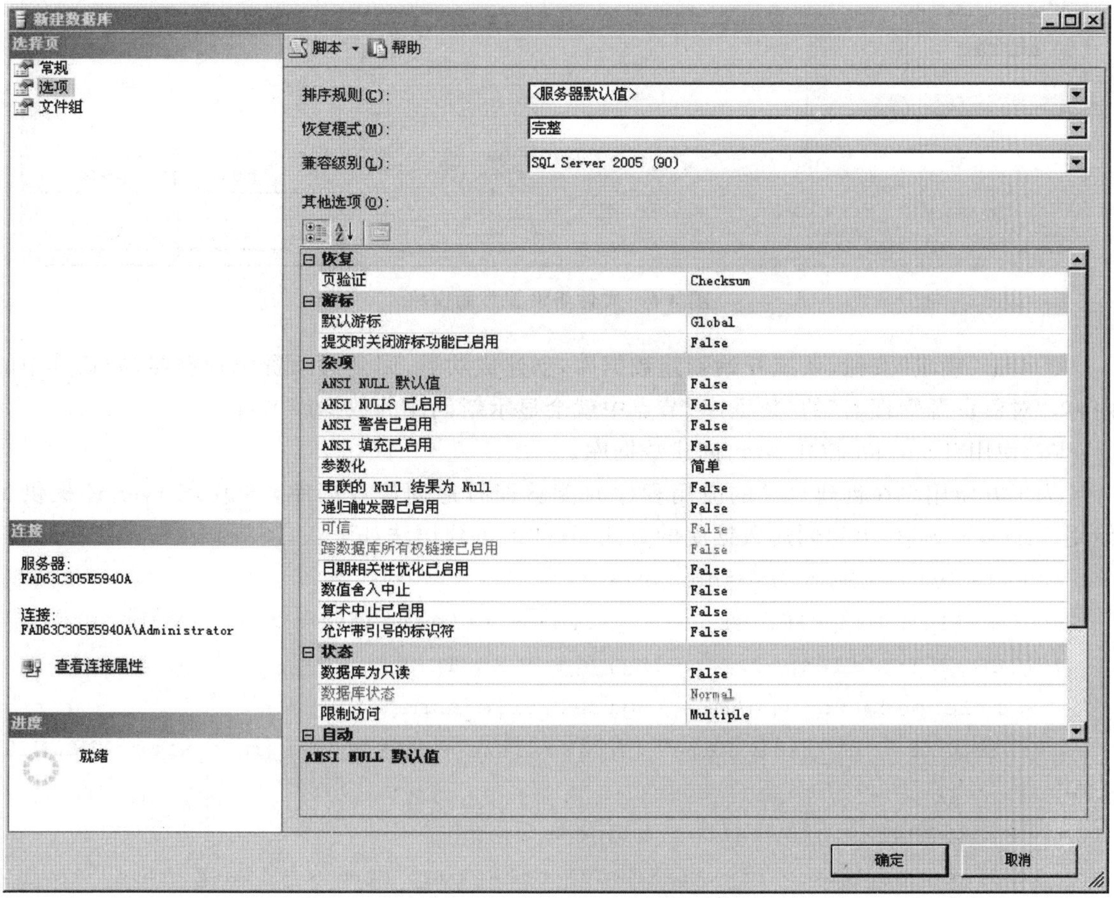

图 4-5　选项设置窗格

④在“新建数据库”左侧的窗格中单击“文件组”，在文件组窗格中，可设置或添加数据库文件和文件组的属性，如是否只读、是否为默认值等，如图 4-6 所示。

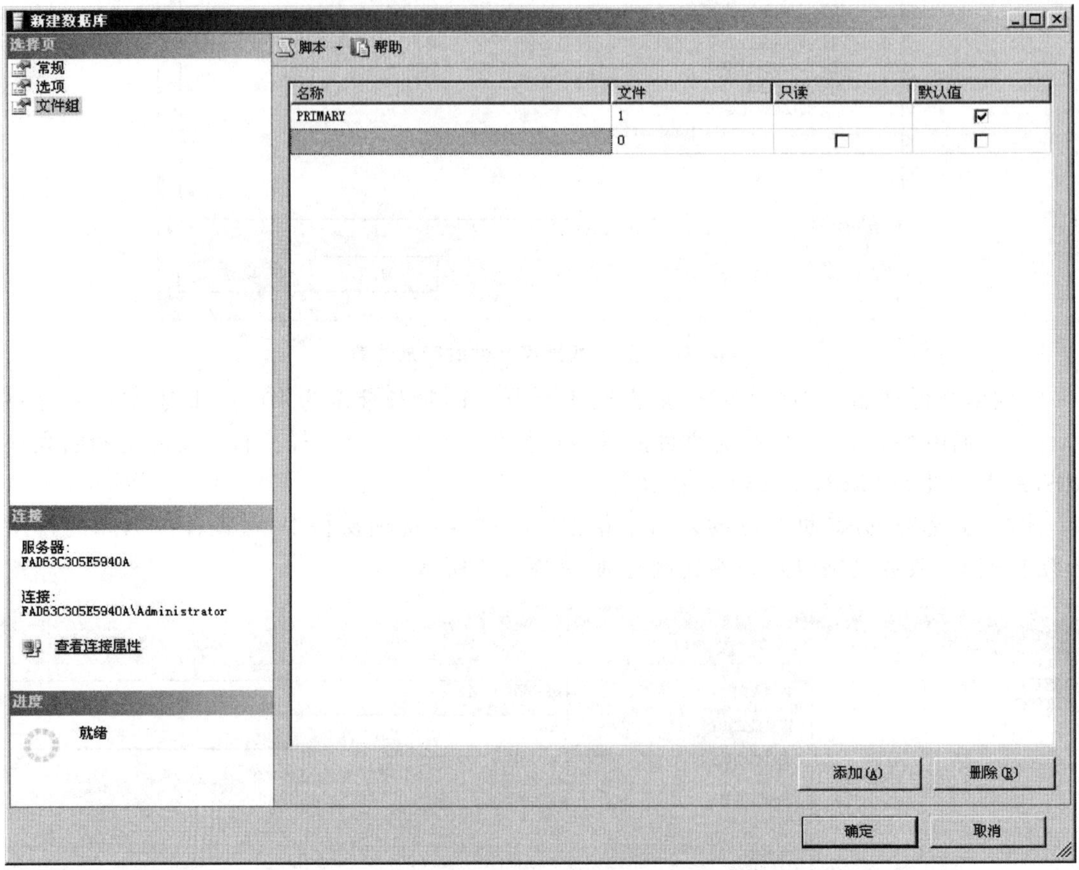

图 4-6　文件组设置页面窗格

⑤单击“确定”按钮，系统开始创建数据库，创建成功后，回到对象资源管理器，刷新其中的内容，“对象资源管理器”的“数据库”节点中就会显示新创建的数据库 test。

(2)使用 Transact-SQL 语句创建数据库。

为了方便用户在创建自己的应用程序时能够即时地创建数据库，SQL Server 还提供了使用 Transact-SQL 语句创建数据库的方式，具体的创建语法如下：

```
CREATE DATABASE database_name
  [ON [PRIMARY][< filespec> [...n][< filegroupspec> [...n]]]
  [LOG ON {< filespec> [...n]}] [FOR RESTORE]
  < filespec> ::= ([NAME= logical_file_name]
  FILENAME= 'os_file_name' [SIZE= size] [MAXSIZE= {max_size|UNLIMIT-
ED}]
  [FILEGROWTH= growth_increment])[...n]
  < filegroupspec> ::= FILEGROUP filegroup_name < filespec>
[...n]
```

语法说明

①database_name:数据库的名称,最长为128个字符。PRIMARY:该选项是一个关键字,指定主文件组中的文件。

②LOG ON:指明日志文件的定义。

③NAME:指定数据库的逻辑名称,这是数据库在SQL Server系统中使用的名称,是其在SQL Server中的标识符。

④FILENAME:指定数据库所在文件的操作系统文件名称和路径,该操作系统文件名和NAME的逻辑名称一一对应。

⑤SIZE:指定数据库的初始容量大小,至少为模板model数据库大小。

⑥MAXSIZE:指定操作系统文件可以增长到的最大尺寸。如果没有指定,则文件可以不断增长直到充满磁盘。

⑦FILEGROWTH:指定文件每次增加容量的大小,当指定数据为0时,表示文件不增长。

例4-1　创建一个test数据库,该数据库的主数据文件逻辑名为test_data,物理文件名为test.mdf,初始大小为10MB,最大尺寸为无限大,增长速度为10%;数据库的日志文件逻辑名为test_log,物理文件名为test.ldf,初始大小为1MB,最大尺寸为5MB,增长速度为1MB。

```
CREATE DATABASE test
  ON PRIMARY                                        ——建立主数据文件
  ( NAME = 'test_data',                             ——逻辑文件名
    FILENAME= 'E:\练习数据\test.mdf',                ——物理文件路径和名字
  SIZE= 10240KB,                                    ——初始大小
    MAXSIZE = UNLIMITED,                            ——最大尺寸为无限大
    FILEGROWTH = 10% )                              ——增长速度为10%
  LOG ON                                            ——建立日志文件
  ( NAME= 'test_log',
    FILENAME= 'F:\练习日志\test_log.ldf',            ——物理文件路径和名字
    SIZE= 1024KB,
    MAXSIZE = 5120KB,
    FILEGROWTH = 1024KB
  )
```

4.1.3　数据库的修改

如果用户在数据库创建完成后发现数据库中的某些属性不符合要求，这时候就需要对数据库中的某些属性进行修改，SQL Server提供了两种修改数据库属性的方法,一种是使用对象资源管理器进行修改,另外一种就是使用Transact-SQL语句进行修改。

1.使用对象资源管理器对数据库进行修改

在对象资源管理器中可以方便地对已经建立的数据库进行查看和修改,具体的操作如下:

(1)右键单击所要修改的数据库,在弹出的快捷菜单中选择“属性”命令,打开如图 4-7 所示的“数据库属性”窗口。可以看到,在查看或修改数据库属性时,左窗格中的项目比创建数据库时多了五个,即选项、权限、扩展属性、镜像和事务日志传送,这里面涉及 SQL Server 的一些高级属性的配置。

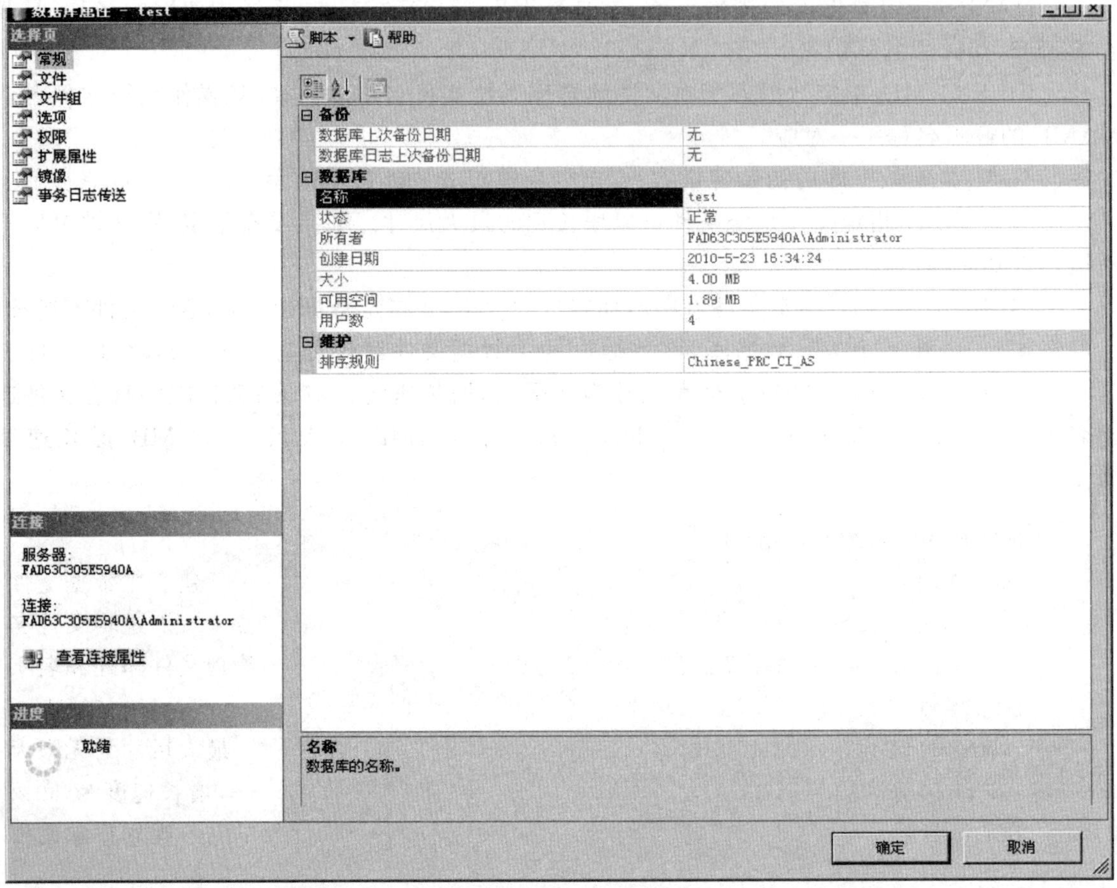

图 4-7 “数据库属性”窗口

(2)可以分别在常规、文件、文件组、选项和权限窗格里根据要求来查看或修改数据库的相应设置。

2. 使用 Transact-SQL 语句对数据库进行修改

和创建数据库类似,同样可以使用 Transact-SQL 语句对数据库进行修改,具体的修改语法如下:

```
Alter DATABASE database_name
  {add file< filespec> [,...n] [to filegroup filegroupname]
  |add log file < filespec> [,...n]
  |remove file logical_file_name [with delete]
  |modify file < filespec>
  |modify name= new_databasename
```

语法中相关属性除了关键字“Alter”和创建数据库时不一样外,其他关键字和参数的意义

与创建数据库的语法基本相似，所以这里就不再多作介绍，下面通过几个例子来进行具体的说明。

例 4-2　将两个数据文件和一个日志文件添加到 test 数据库中。

```
ALTER DATABASE test
ADD FILE                                                  ——添加两个次数据文件
(NAME= Test1,
FILENAME= E:\test\data\test1.ndf', SIZE = 5MB,
MAXSIZE = 100MB,
FILEGROWTH = 5MB),
(NAME= Test2,
FILENAME= 'E:\test\data\test2.ndf', SIZE = 3MB,
MAXSIZE = 10MB,
FILEGROWTH = 1MB)
GO
ALTER DATABASE test
ADD LOG FILE (NAME= testlog1,                             ——添加一个次日志文件
FILENAME= 'E:\test\log\testlog1.ldf',SIZE = 5MB,
MAXSIZE = 100MB,
FILEGROWTH = 5MB)
GO
```

例 4-3　添加文件组 Test_Group。

```
ALTER DATABASE test
ADD FILEGROUP Test_Group
```

例 4-4　将一个新的数据文件 Test_data2 添加到 test 数据库的 Test_Group 文件组。

```
ALTER DATABASE test
ADD FILE                                                  ——添加次数据文件
(NAME= Test2,
FILENAME= ' E:\test\data \ Test_data2.ndf')
to filegroup Test_Group
```

4.1.4　数据库的删除

为了节省硬盘空间，应该将一些对于用户来说没有任何价值的数据库删除，SQL Server 同样提供了两种对废弃数据库进行删除的方法，一种是使用对象资源管理器进行删除，一种是使用 Transact-SQL 语句进行删除。

1. 使用对象资源管理器删除数据库

具体操作步骤如下：

(1)在“对象资源管理器”窗口中,右键单击目标数据库,在弹出的快捷菜单中选择“删除”命令。

(2)打开“删除对象”窗口,如图 4-8 所示,确认是否为目标数据库,并通过点击复选框决定是否要删除数据库备份和还原历史记录信息以及关闭已存在的数据库连接。这种设计体现了操作的人性化,让数据库操作者有充分的时间和理由考虑是否要删除数据库。毕竟数据库对于一个系统来说是最为核心的部分,在决定是否要对数据库进行删除时,需要进行慎重的考虑,然后做出最后的决定。

(3)单击“确定”按钮,完成数据库删除操作。

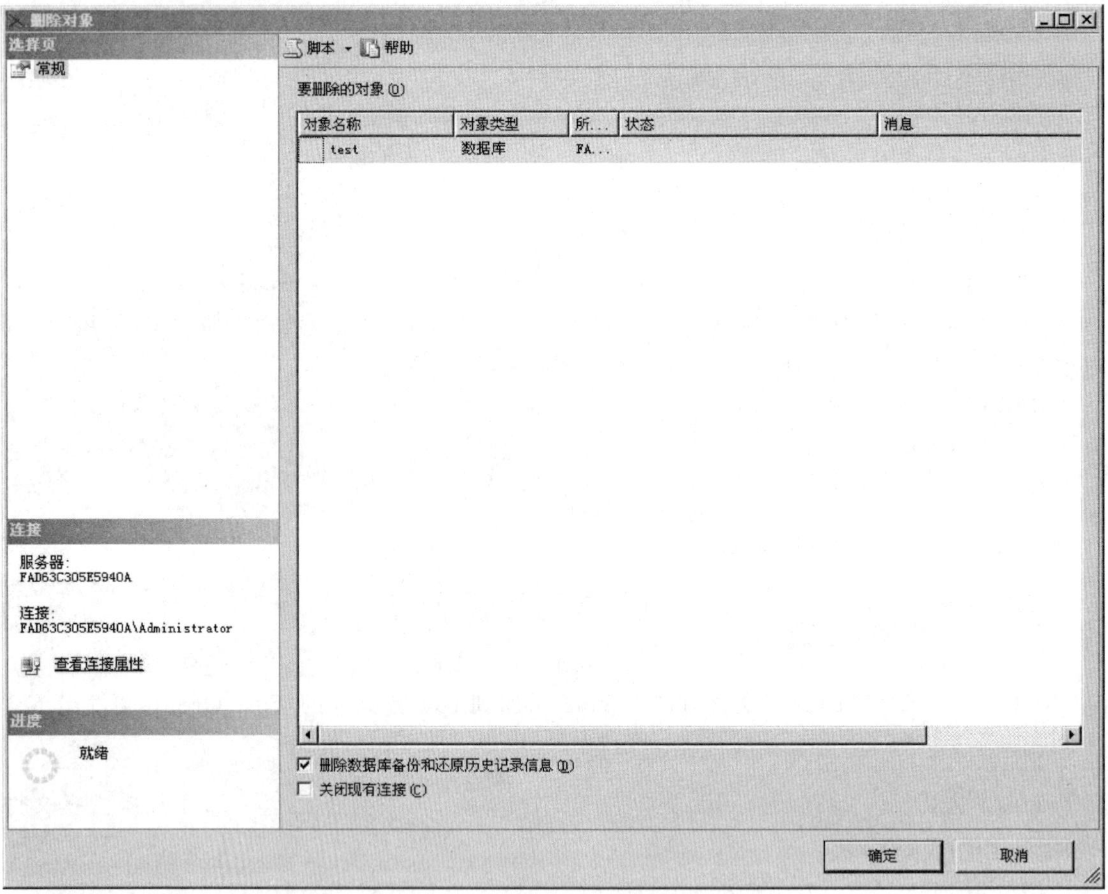

图 4-8 “删除对象”窗口

2. 使用 Transact-SQL 语句删除数据库

使用 DROP 关键字可以从 SQL Server 中一次性删除一个或多个数据库。

具体的语法格式如下:

```
DROP DATABASE database_name [...n]
```

例 4-5 删除创建的数据库 test。

```
DROP DATABASE test
```

4.1.5　数据库的其他操作

还有其他一些关于数据库的重要操作，如数据库的备份和还原、数据库的导入和导出、数据库脚本的生成等。

进行数据库及事物日志备份对于维护数据库系统非常重要。如果进行了日志备份，就可以在系统故障、操作系统崩溃及出现其他一些严重的数据库错误时，从数据库最新的备份中对数据库系统进行恢复。

SQL Server 同样提供了两种数据库备份的操作方法。

1. 利用对象资源管理器进行数据库的备份

利用对象资源管理器可以很容易地完成数据库的备份操作，下面是具体的操作步骤。

(1)在对象资源管理器中，右键单击要备份的数据库，在弹出的快捷菜单中选择“任务”→“备份”命令，如图 4-9 所示。

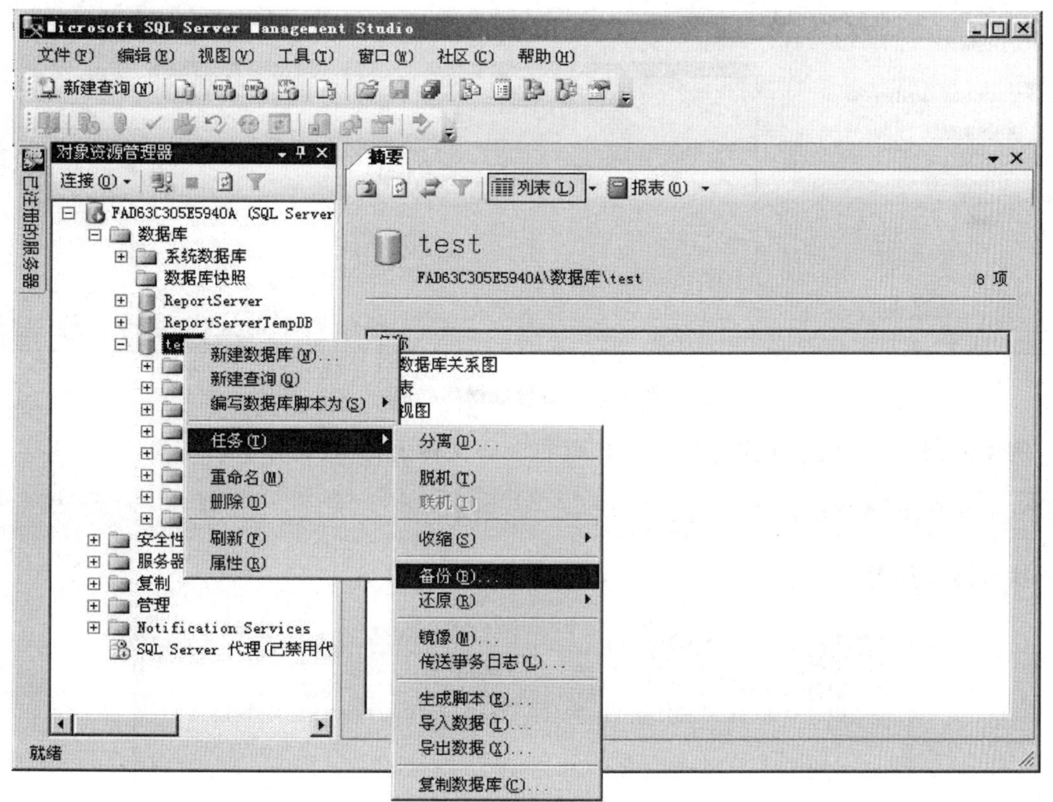

图 4-9　选择“任务”→“备份”命令

(2)单击“确定”按钮，打开如图 4-10 所示的备份数据库界面，可以在这个界面中设置相关的备份选项，如备份类型、备份组件、备份集名称和备份目标等。

2. 利用 Transact-SQL 语句进行数据库的备份和还原

Transact-SQL 语句中的 BACKUP DATABASE 语句可以用来备份数据库，用该语句可以完成完整备份、差异备份、文件备份和文件组备份。

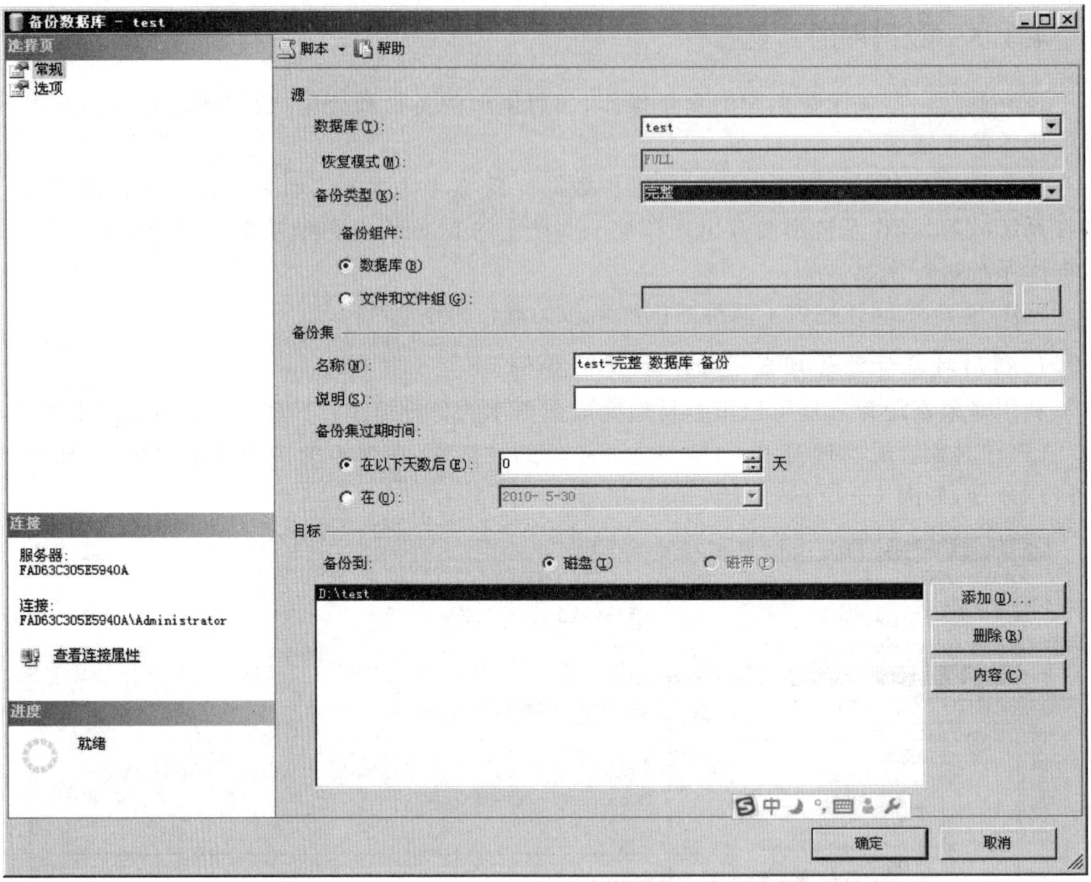

图 4-10　备份数据库界面

例 4-6　将 test 数据库完整备份到 F 盘的 test 文件上，其代码如下：

```
BACKUP DATABASE test TO DISK =  'F:\test'
```

执行结果如图 4-11 所示。

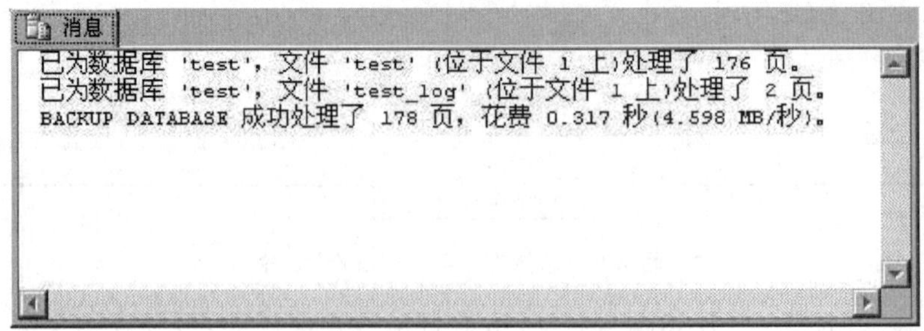

图 4-11　备份数据库执行结果

数据库的还原和数据库的备份是一对相反的操作，其操作过程和数据库的备份操作类似，Transact-SQL 语句中的 RESTORE DATABASE 语句可以恢复数据库备份，用该语句可以恢复完整备份、差异备份、文件备份和文件组备份。

例 4-7　用名为“test 备份”的备份设备来还原 test 数据库，其代码如下：

```
USE master
RESTORE DATABASE test FROM test 备份
```

3. 数据的导入和导出

SQL Server 提供了数据的导入和导出功能，供用户方便地完成相同或者相似数据的导入和导出操作。同样地，数据的导入和导出操作也是一对相反的操作。可以使用对象资源管理器来完成数据的导入和导出操作，具体的操作步骤为：

(1)如图 4-12 所示，在“对象资源管理器”里，右键单击要导入或导出数据的数据库，在快捷菜单中选择“任务”→“导入数据”或“导出数据” 命令，这里以导入数据为例，将数据源数据库选为本地的 ReportServer。

图 4-12　使用对象资源管理器导入数据

(2)打开如图 4-13 所示的界面，选择数据源。数据源表示要从哪个数据库导入数据，数据库名就是所使用的 SQL 服务器，如果是远程数据库，可直接写 IP 地址。身份验证就是用户要用什么方式登录，如果是远程数据库，一般用 SQL Server 身份验证，在验证后，数据库的列表里会显示所有数据库，用户可以找到要导入或导出的数据库，然后单击“下一步”按钮，继续操作。

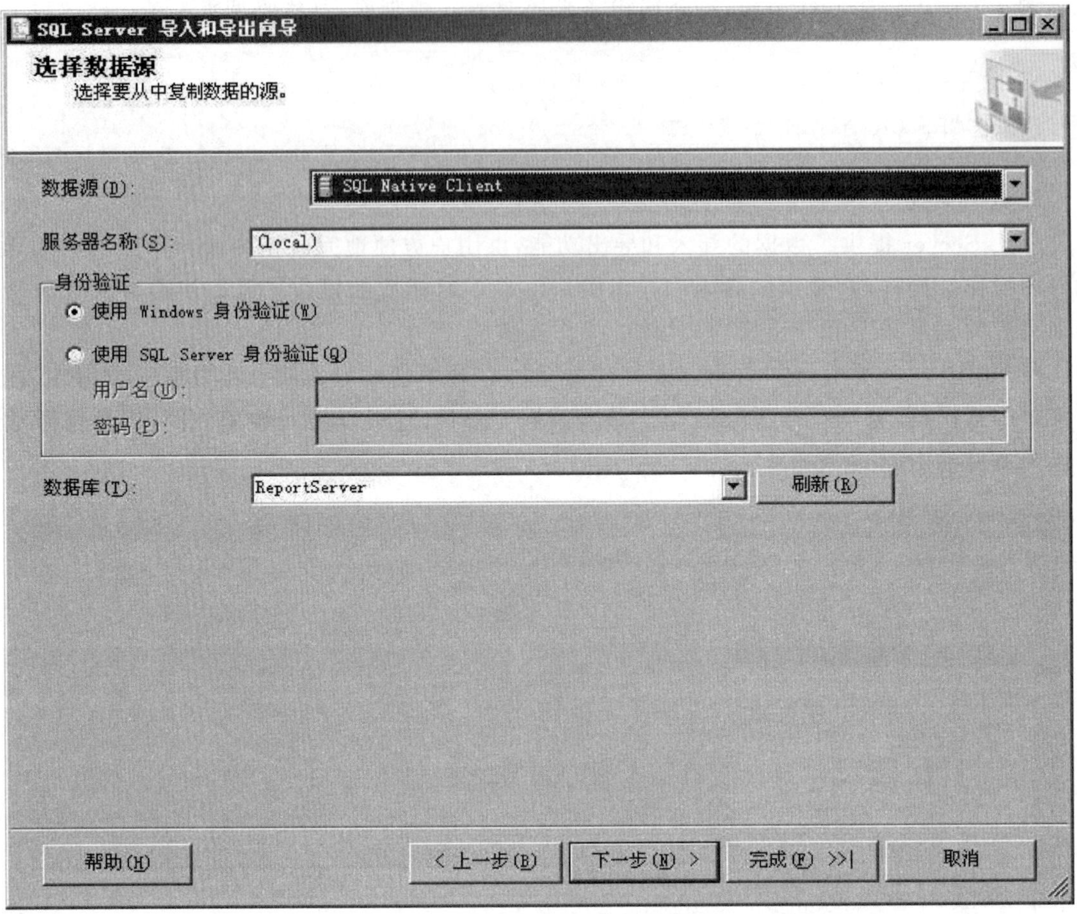

图 4-13　选择数据源界面

(3)打开如图 4-14 所示的界面,选择目标数据源,目标数据源表示用户需要导入哪个数据库,如果是远程数据库,同样直接输入 IP 地址,然后用 SQL Server 身份验证,和数据源操作类似。

(4)单击"下一步"按钮,打开"指定表复制或查询"界面,如图 4-15 所示。默认选项为第一个选项,该界面供用户选择复制数据的方式,用户可选择直接使用界面方式选择数据,或使用 Transact-SQL 语句选择数据。这里选择第一种方式"复制一个或多个表或视图的数据"。

(5)单击"下一步"按钮,打开"选择源表和源视图"界面,如图 4-16 所示。在该界面中选择需要的表和视图,单击右边的"编辑..."按钮,弹出如图 4-17 所示的界面,可以指定源表和目标表对应的字段,对于不需要导入的字段,在目标字段里取消选择即可,单击"确定"按钮。

(6)单击"下一步"按钮,打开"保存并执行包"界面,如图 4-18 所示。在这里选择是否保存 SSIS 包,选择后单击"完成"按钮,开始执行导入数据操作,如图 4-19 所示。

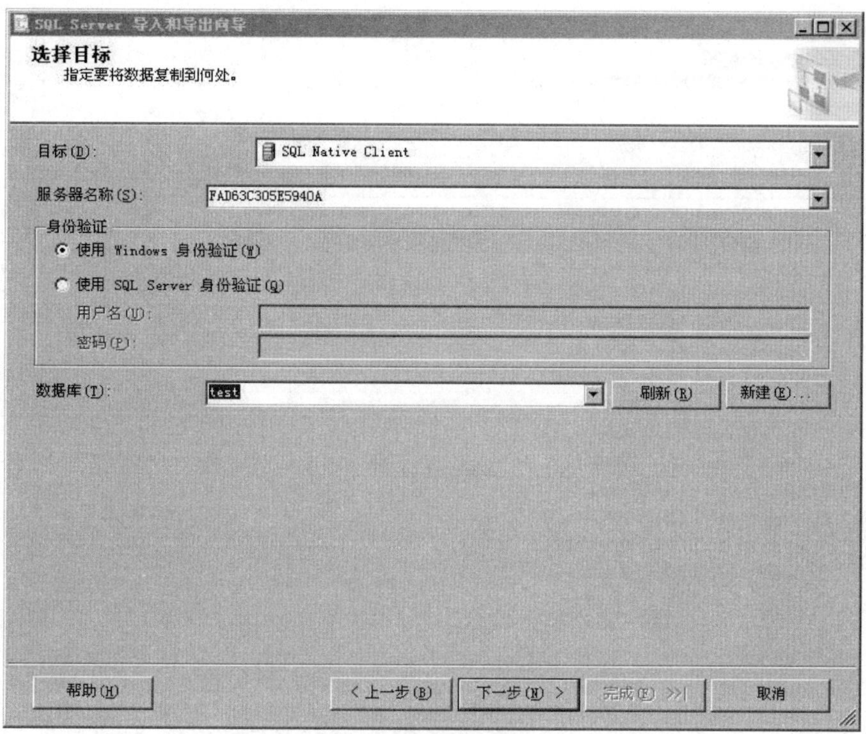

图 4-14　选择目标数据源界面

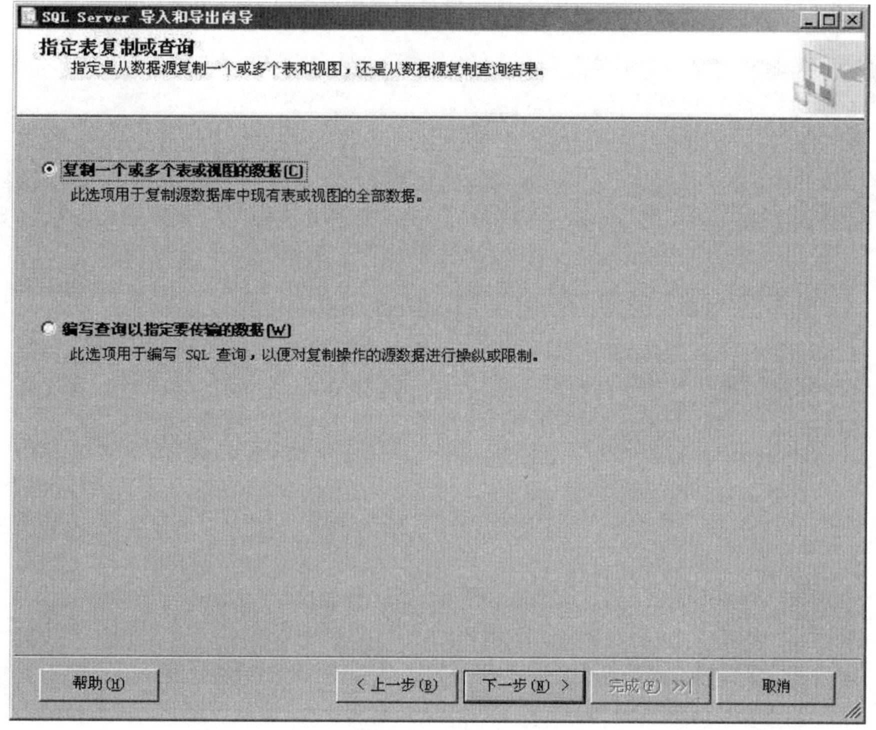

图 4-15　指定表复制或查询界面

图 4-16　选择源表和源视图界面

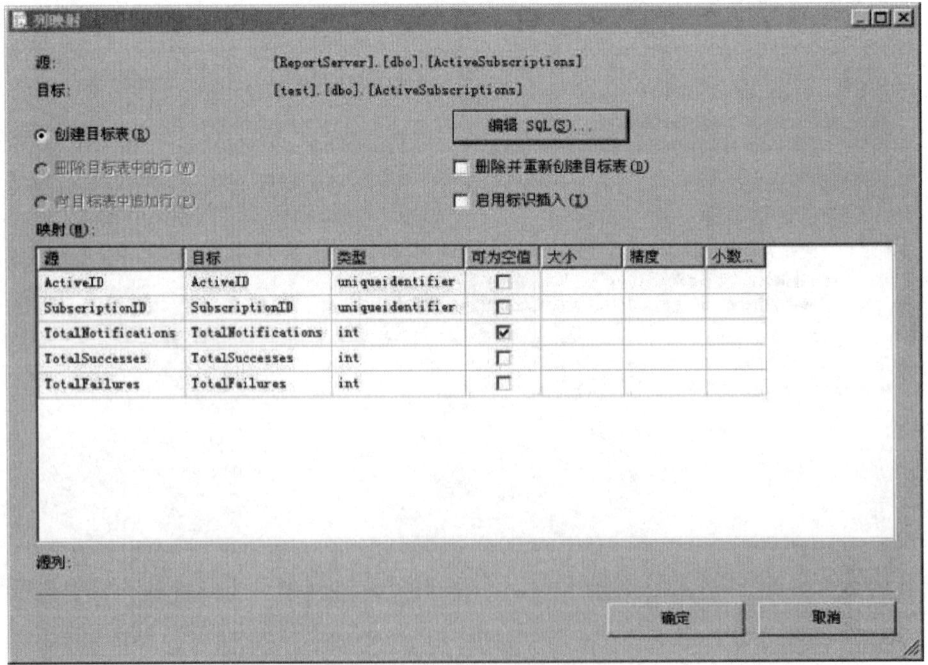

图 4-17　编辑列映射界面

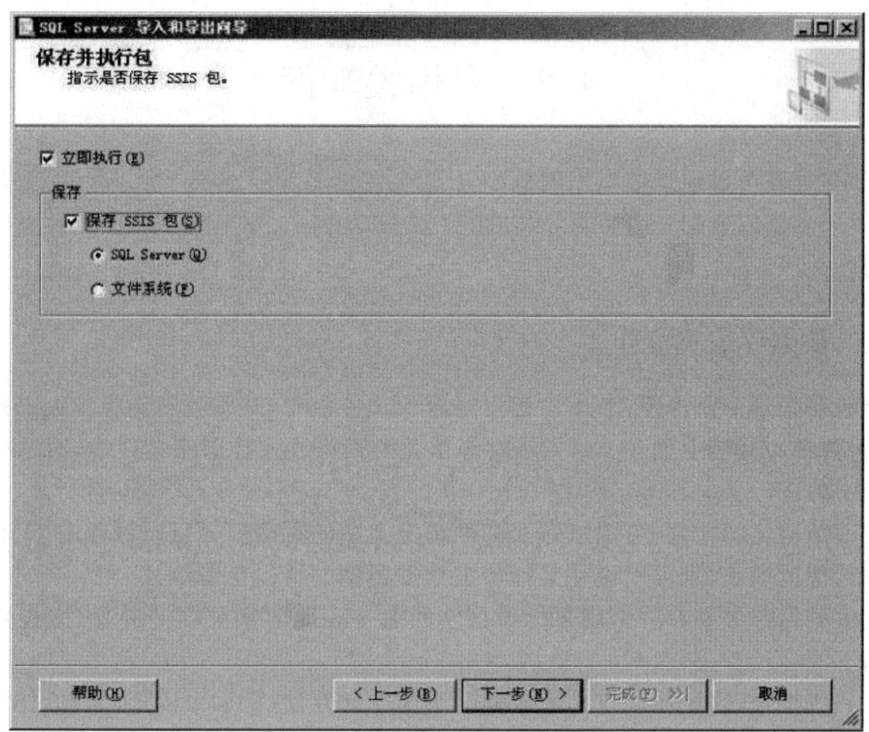

图 4-18　保存并执行包的界面

图 4-19　执行导入数据操作

4.2 表相关知识

在数据库中,表可以说是数据库的核心,用户对数据库的大部分操作都是对数据库表的操作,而数据库只是盛放表的一个容器,表才是容器中的内容。本节将从表的设计到表的具体操作作详细阐述。

4.2.1 数据库表简介

假如说数据库是个文件柜,当用户将资料放入文件柜时,并不是随便将它们扔进某个抽屉就可以了,而要在文件柜中创建文件,然后将相关的资料放入特定的文件中,而这种文件就相当于数据库中的表。

表是一种结构化的文件,可用来存储某种特定类型的数据。表可以保存清单、目录等用户希望保存的其他数据,表也可以说是某种特定数据类型的结构化清单。

数据库中的每个表都有一个用来标识自己的名字。此名字是唯一的,因此在数据库中各表的名字都不同。

表具有一些特性,这些特性定义了数据在表中如何存储(例如可以存储什么样的数据)、数据如何分解、各部分信息如何命名等。描述表的这组信息就是模式,模式可以用来描述数据库中特定的表及整个数据库。

关于表还有一些概念需要了解,如元组、属性、域和关键字等。

元组:可以理解为二维表中的一行,在数据库中经常被称为记录。

属性:可以理解为二维表中的一列,在数据库中经常被称为字段。

域:属性的取值范围,也就是数据库中某一列的取值范围。

关键字:一组可以唯一标识元组的属性。在数据库中常称为主键,由一个或多个列组成。

4.2.2 表的设计

数据库表的设计会影响数据库操作效率,特别是在数据多的时候,如果表的结构不合理,在操作的时候条件就会变得非常复杂,因此在设计表时要尽量设计得合理。设计数据库表,应遵循以下原则:

(1)不应该针对整个系统进行数据库表设计,而应该根据系统架构中的组件进行划分,针对每个组件所处理的业务进行组件单元的数据库表设计;不同组件间所对应的数据库表之间的关联应尽可能减少,即使不同组件间的表需要外键关联,也尽量不要创建外键关联,而只记录关联表的一个主键,确保组件对应的表之间的独立性,为系统或表结构的重构提供可能性。

(2)采用领域模型驱动的方式和自顶向下的思路进行数据库表设计,首先分析系统业务,根据职责定义对象。对象要符合封装的特性,确保与职责相关的数据项被定义在一个对象之内,这些数据项能够完整描述该职责,不会出现职责描述缺失。并且一个对象有且只有一项职责,如果一个对象要负责两个或两个以上的职责,应进行分拆。即对应数据库设计第一范式:

表中每个属性都是原子的，不可再分，每个属性只能包含一个值，不可重复。

(3)根据建立的领域模型进行数据库表的映射。此时，应参考数据库设计第二范式：一个表中的所有非关键字属性都依赖于整个关键字。关键字可以是一个属性，也可以是多个属性的集合，不论哪种方式，都应确保关键字具有唯一性。在确定关键字时，应保证关键字不会参与业务且不会出现更新异常，这时，最优解决方案为采用一个自增数值型属性或一个随机字符串作为表的关键字。

(4)由于以领域模型驱动的方式设计数据库表结构时，领域模型中的每一个对象只有一项职责，对象中的数据项不存在传递依赖，所以，这种思路的数据库表结构设计从一开始即满足第三范式：一个表应满足第二范式，且属性间不存在传递依赖。

(5)由于对象职责的单一性以及对象之间的关系反映的是业务逻辑之间的关系，所以领域模型中的对象存在主对象和从对象之分。其中，从对象是从 1—N 或 N—N 的角度进一步分析主对象的业务逻辑。

(6)在映射后得出的数据库表结构中，应再根据第四范式(一个表不应存在多值依赖)进行进一步修改，确保不存在多值依赖。这时，应根据反向工程的思路反馈给领域模型。如果表结构中存在多值依赖，则证明领域模型中的对象至少具有两个职责，应根据第一条进行设计修正。

(7)在经过分析后确认所有的表满足第二、三、四范式的情况下，表和表之间的关联尽量采用弱关联，以便于对表字段和表结构进行调整和重构。这一职责应由系统的逻辑层来保证，这种方式也确保了系统对于不正确数据的兼容性。当然，从整个系统的角度来说还是要尽最大努力确保系统不会产生“脏”数据，但从另一个角度来说，“脏”数据的产生在一定程度上也是不可避免的，也要保证系统对这种情况的容错性。这是一个折中的方案。

(8)应针对所有表的主键和外键建立索引，有针对性地(针对一些大数据量和常用检索方式)建立组合属性的索引，提高检索效率。虽然建立索引会消耗部分系统资源，但比起在检索时搜索整张表中的数据，尤其是表中的数据量较大时所带来的性能影响及无索引时的排序操作所带来的性能影响，这种方式仍然是值得提倡的。

(9)尽量少采用存储过程，目前已经有很多技术可以替代存储过程的功能，如“对象/关系映射”等，以降低版本控制、开发和部署以及数据库迁移对存储过程的影响。但不可否认，存储过程具有性能上的优势，所以，当系统可使用的硬件不会得到提升而性能又是非常重要的质量属性时，可经过平衡考虑选用存储过程。

(10)当处理表间的关联约束所付出的代价(常常是使用性上的代价)超过了保证不会出现修改、删除、更改异常所付出的代价，并且数据冗余也不是主要的问题时，表设计可以不符合四个范式。四个范式确保了表不会出现异常，但也可能使得表结构难以使用，所以在设计时需要进行综合判断，但首先确保符合四个范式，然后再进行精化修正是刚刚进入数据库设计领域的用户可以采用的最好办法。

(11)设计出来的表要具有较好的使用性，主要体现在查询时是否需要关联多张表以及是否需使用复杂的 SQL 技巧。

(12)设计出来的表要尽可能减少数据冗余，确保数据的准确性，有效地控制冗余有助于提高数据库的性能。

关于原则(5)中所说的 1—N 和 N—N 关系是指表之间的映射关系，两个表之间的映射关系可以分为以下 3 种情况：

①一对一：两个表里数据唯一对应。

②一对多(1—N)：表 A 在表 B 里对应多条数据，但表 B 里的一条数据只对应表 A 中的一条数据。

③多对多(N—N)：表 A 里的一条数据对应表 B 里的多条数据，表 B 里一条数据也对应表 A 中的多条数据。

在进行表的设计时，两个表之间的设计是非常重要的，这两个表的设计所依据的就是这 3 种映射关系。

一对一的表设计用得不多，可能用到的情况有：

①对于一个表中大多数时候不会被查询的字段，将其放到另一个表中对应起来。这样可以提高查询的效率。

②若表中记录还有些字段的值未知，则可以将这些字段分出来放。这样可以让主表中不存在 NULL。

③不能轻易查出来的数据，比如一个人的工资详情等，可以在另外一个表中存放。

④将大文本通过一个外键关联，这样可以提高查询效率。

一对多关系是指第一个表中的单个行可以与第二个表中的一个或多个行相关，但第二个表中的一个行只可以与第一个表中的一个行相关。注意，这里说的是行之间的对应而不是列之间的对应。

例如，一个班级里会有很多的学生，像这样的关系怎么表达呢？首先，建立两个表，一个是班级表(class)，一个是学生表(student)；然后，要使两个表都具有同一属性的字段，也就是能够代表班级的一个标志，这里用 classid 来标识；最后，定义父表中该字段为主索引字段(字段值是唯一的)，也就是在班级表中将 classid 这个字段指定为主键，子表中与其同名的字段(classid) 为普通索引字段(字段值是重复的)。由于两个表中的同一属性的字段值是一对多的关系，因此两个表之间就具有了“一对多”的关系，这样也就可以表示一个班级中会有很多学生。

多对多关系是指第一个表中的一个行可以与第二个表中的一个或多个行相关，第二个表中的一个行也可以与第一个表中的一个或多个行相关。

例如，学校里的学生可以参加多个社团，而一个社团可以有多名学生，社团和学生之间的关系为多对多的关系。在数据库的设计过程中，一般可以采用辅助表方式建立多对多关系，具体的方式是：

①建立社团表(mass)和学生表(student)。

②分别为两个表设定主键，为 massid 和 studentid。

③建立中间表(master)，在这个表中以 massid 和 studentid 设置一个联合主键。

④将 student 与 master 建立一对多关系(由于在 master 表中使用的是联合主键，所以看起来是主键和主键的关系，却会表示为一对多关系)，同理将 mass 与 master 建立一对多关系，这样 student 与 mass 的关系就可以通过 master 表体现出来，即通过修改联合主键的值就可以表示出两表的多对多关系。

4.2.3　表的建立

SQL Server 中表分为永久表和临时表。其中，永久表在创建后，除非用户删除，否则将一直存放在数据库文件中；临时表与永久表相似，但临时表存储在 tempdb 中，当用户不再使用

时系统会自动删除。临时表有两种类型，即本地临时表和全局临时表，它们在名称、可见性及可用性上有区别。本地临时表的名称以单个数字符号（#）开头，它们仅对当前的用户连接是可见的，当用户从 SQL Server 实例断开连接时被删除。全局临时表的名称以两个数字符号（##）开头，在创建后对任何用户都是可见的，当所有引用该表的用户从 SQL Server 断开连接时被删除。

在实际的数据库开发中用得最多的是永久表。对于永久表的建立，SQL Server 提供了两种方法：一是使用对象资源管理器进行可视化建表；二是使用 Transact-SQL 语句建表。临时表是通过 Transact-SQL 语句在相应的程序中建立，用户断开连接后被自动删除。

1. 使用对象资源管理器建表

对象资源管理器提供了非常方便的可视化方式，可以让用户轻而易举地完成建表任务，具体的操作步骤是：

（1）在对象资源管理器中，展开指定的服务器和数据库，打开想要创建新表的数据库，用鼠标右键单击“表”对象，在弹出的快捷菜单中选择“新建表”命令，如图 4-20 所示。

图 4-20　选择“新建表”命令

（2）打开新建表的窗口，在此窗口可以设置列的以下属性，如列名称、数据类型、是否允许为空，然后在属性栏中根据数据类型的不同定义数据的长度、精度、小数位数、默认值、标识列、标识列的初始值、标识列的增量值和是否有行的标识，如图 4-21 所示。

（3）在表设计完成之后，单击“保存”或者“关闭”按钮，弹出“选择名称”对话框，添加需要的表的名称，单击“确定”按钮，完成表的创建。

2. 使用 Transact-SQL 语句建表

临时表在大部分情况下都是使用 Transact-SQL 语句进行创建的，当然也可以使用 Transact-SQL 语句创建永久表，创建表的 Transact-SQL 语法是：

```
CREATE TABLE
[ database_name. [owner]. | owner.] table_name
({< column_definition> |column_name As computed_column_expression|
<  table_constraint > } [,...n])
[ ON { filegroup | DEFAULT } ]
```

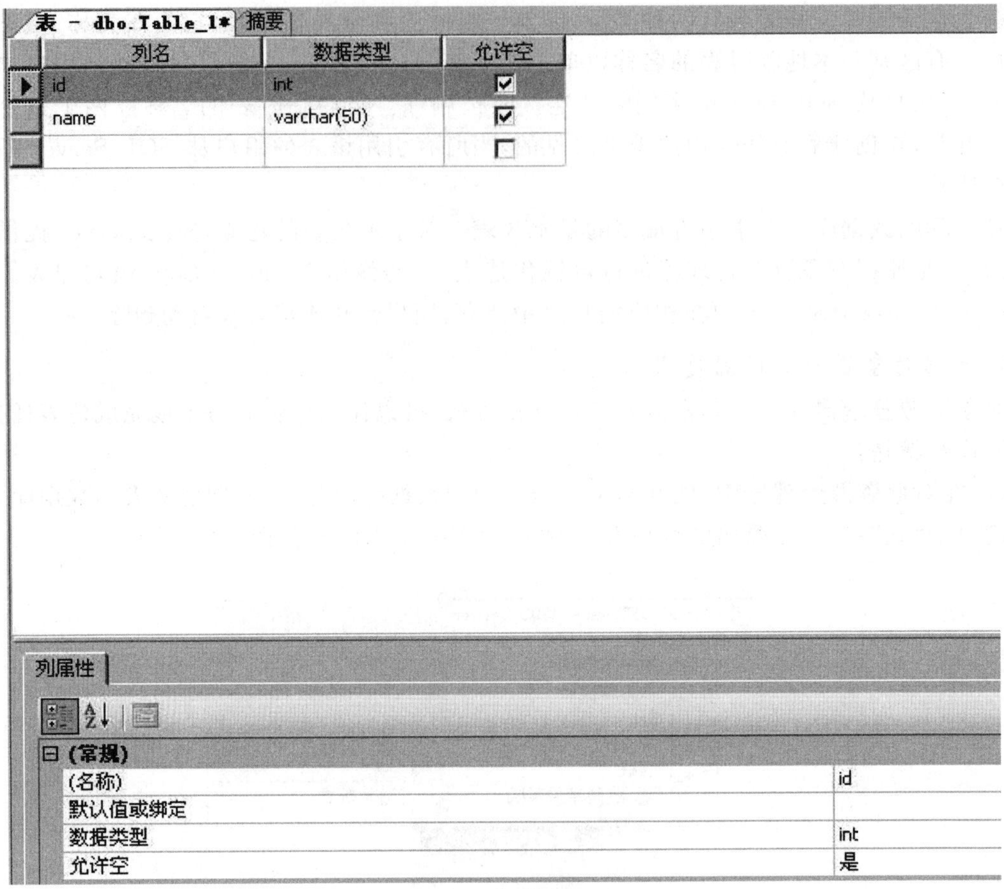

图 4-21　新建表窗口

语法说明

(1)database_name:用于指定在其中创建表的数据库名称。

(2)owner:用于指定新建表的所有者的用户名。

(3)table_name:用于指定新建表的名称。

(4)column_name:用于指定新建表的列的名称。

(5)computed_column_expression:用于指定计算列的列值表达式。

(6)ON {filegroup|DEFAULT}:用于指定存储表的文件组名。

(7)DEFAULT:用于指定列的默认值。

下面举例说明使用 Transact-SQL 语句建表的具体用法。

例 4-8　建立一个院系表,表名为"yuanxi",具体的要求如表 4-1 所示。

表 4-1　院系表要求

列名	数据类型	长度/字节	属性	描述
ID	int		标识属性,初值增量为 1,主键	记录号
name	varchar	10	不允许空值,其值唯一	院系名
miaoshu	varchar	100		对院系的描述

具体的 Transact-SQL 语句为：

```
CREATE TABLE yuanxi
(
ID int identity primary key,                        ——主键，ID 的值不允许重复
name varchar (10) not null unique,
                              ——not null 表示不允许为空值，unique 表示唯一
miaoshu varchar(100)
```

例 4-9　建立一个学生表，表名为“xuesheng”，并建立其院系表和学生表之间的一对多关系，即将院系表的 ID 作为学生表的一个外键和引用，其他要求如表 4-2 所示。

表 4-2　学生表要求

列名	数据类型	长度/字节	属性	描述
ID	int		标识属性，初值增量为 1，主键	记录号
name	varchar	10	不允许空	姓名
xuehao	varchar	18	不允许空，其值唯一	学号
sex	char	1	只能表示是男或者女	性别
shengri	smalldatetime		不能大于年月日	生日
dianhua	varchar	30		电话
xibieID	int		值引用院系表的 ID，外键	系别 ID
miaoshu	varchar	100		对院系的描述

具体的 Transact-SQL 语句如下：

```
CREATE TABLE xuesheng
(
ID int identity primary key,                                  ——编号
xuehao varchar (18) not null                                  ——学号
unique, name varchar (10) not null,                           ——姓名
sex char(1) check(sex in('男','女')),          ——性别，只能表示是男或者女
shengri smalldatetime check(shengri< = '2000- 1- 1'),
                                                      ——不能大于年月日
dianhua varchar (30),
xibieID int references yuanxi(ID),
                                  ——院系编号，其值引用院系表的 ID，外键
miaoshu varchar(100)
)
```

4.2.4 表的修改

和表的建立过程类似,SQL Server 也提供了两种修改表的方法。第一种方法是使用对象资源管理器修改表,这种方法和创建表的步骤基本相似,但是在修改表的时候一定要注意:新数据类型不能为 timestamp,旧的数据类型必须可以隐式转换为新的数据类型,若定义了列的标识属性,则新数据类型需为支持标识属性的数据类型。

第二种方法是使用 Transact-SQL 语句修改表,具体的语法如下。

```
ALTER TABLE table_name
{[ALTER COLUMN column_name
{new_data_type [(precision [,
cale])] [NULL | NOT NULL]
]}
| ADD{[<column_definition>]}[,...n]
| DROP{[CONSTRATINT]constraint_name | COLUMN} [,...n]
```

例 4-10 为学生表添加"地址"属性,允许空值。

```
ALTER TABLE xuesheng
ADD dizhi Varchar (50) null
```

例 4-11 将刚添加的"地址"属性删除。

```
ALTER TABLE xuesheng
DROP column dizhi
```

例 4-12 修改"地址"属性,将长度增加为 100 个字节。

```
ALTER TABLE xuesheng
ALTER column dizhi varchar(100) null
```

4.2.5 表的删除

当不再使用一个表时,可以将该表删除。删除表同样有两种方法:一种是利用对象资源管理器;另一种是利用 Transact-SQL 语言。

1. 利用对象资源管理器删除表

前面建立了测试用表"table",下面使用对象资源管理器来删除这个表,具体的步骤如下。

(1)展开要删除的表所在的数据库,右键单击所要删除的表,在弹出的快捷菜单中选择"删除"命令,如图 4-22 所示。

(2)在打开的"删除对象"窗口中,单击"确定"按钮,即可完成对表的删除,如图 4-23 所示。

2. 利用 Transact-SQL 语句对表进行删除

在 Transact-SQL 语句中使用 DROP 关键字来完成表的删除工作,具体的删除语法为:

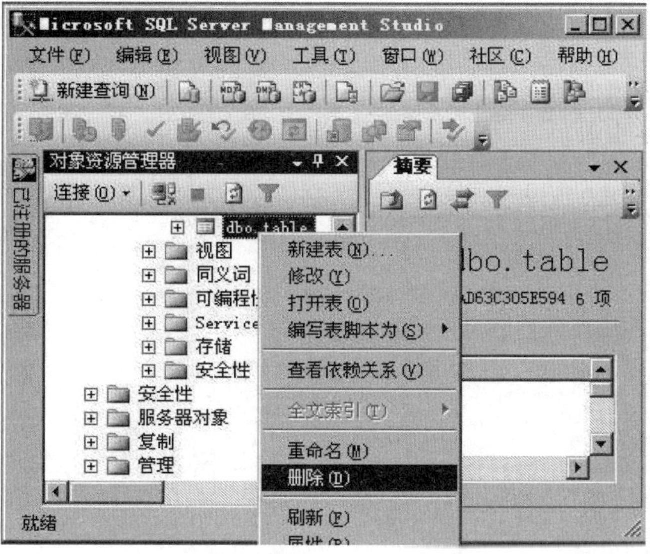

图 4-22　选择“删除”命令

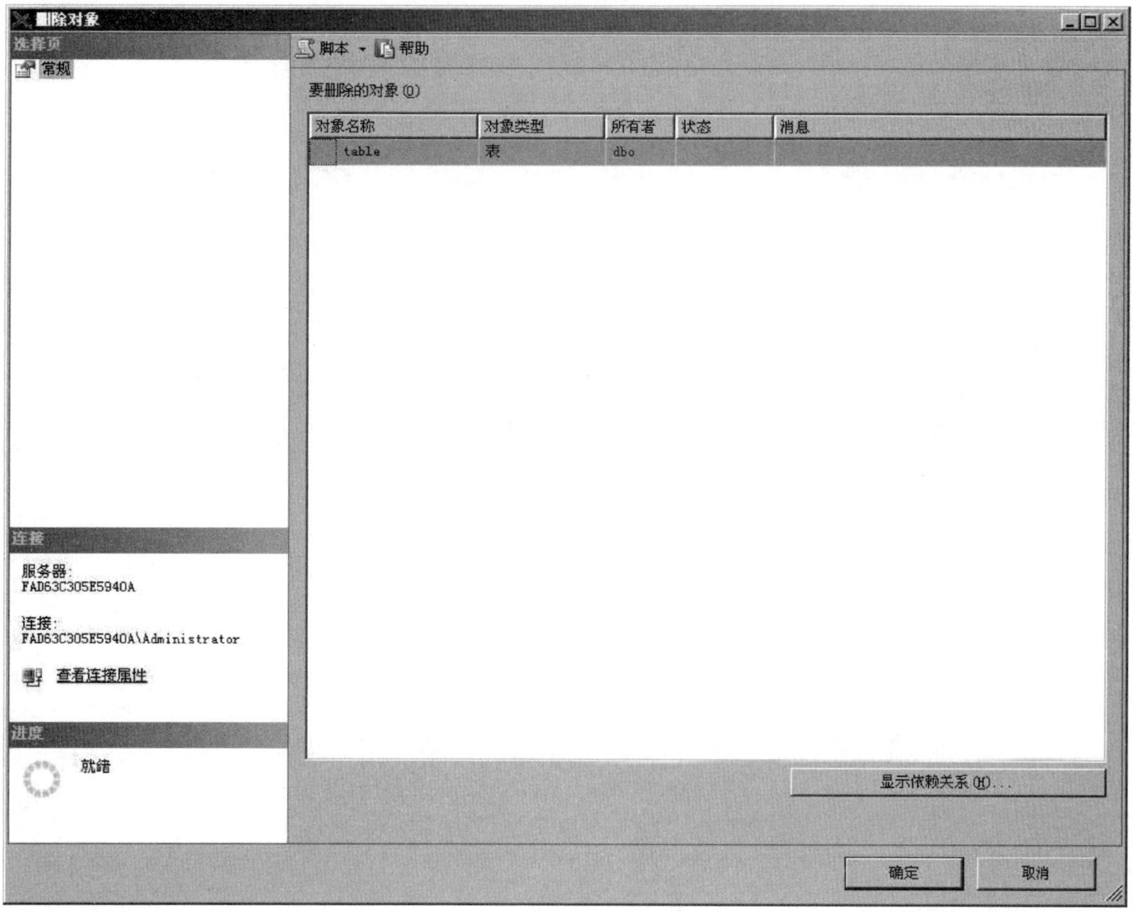

图 4-23　“删除对象”窗口

```
DROP TABLE table_name
```

语法说明

table_name 代表表的名字。

例 4-13 删除学生表。

```
DROP TABLE xuesheng
GO
```

任务5　数据查询与视图

5.1　基础查询

SELECT 语句具有灵活的使用方式和丰富的操作功能。完整的 SELECT 语句的语法比较复杂，它由以下一些主要的子句构成。

```
SELECT select_list
INTO new_table_name
FROM table_list
WHERE search_conditions
GROUP BY group_by_list
HAVING search_conditions
ORDER BY order_list[ASC|DESC]
COMPUTE compute_condition [BY column]
```

(1)SELECT select_list：用于指定查询结果集包含的列。select_list 是结果集的列表达式列表，各表达式之间用逗号分隔。列表达式通常是要查询的表或视图中的列或列的表达式。

(2)INTO new_table_name：表示用查询的结果集创建一个新表。new_table_name 为新的表名。

(3)WHERE search_conditions：用于指定查询的条件，只有符合条件的行才向结果集提供数据。search_conditions 为限制返回某些行数据所要满足的条件表达式。

(4)GROUP BY group_by_list：用于对查询的结果集进行分组，只返回汇总数据。group_by_list 为执行分组的列表达式。

(5) HAVING search_conditions：用于指定组的查询条件。HAVING 子句通常与 GROUP BY 子句一起使用。

(6)ORDER BY order_list[ASC|DESC]：用于指定查询结果集的行排列顺序。order_list 为执行排序的列表达式。ASC 关键字指明查询结果集按照升序排序，是默认的排序选项。DESC 关键字指明查询结果集按照降序排序。

(7)COMPUTE compute_condition[BY column]：用于对查询的结果集进行明细汇总，返回结果集的明细汇总数据。compute_condition 为执行汇总结果的集合表达式。BY 关键字指明对查询的结果集进行分组明细汇总，column 为执行分组的列表达式。

以下重点介绍 SELECT 子句、WHERE 子句、ORDER BY 子句。

5.1.1 SELECT 子句

SELECT 子句的功能是指定由查询结果返回的属性列或派生列，其语法格式如下所示。

```
SELECT[ALL|DISTINCT][TOP n[PERCENT]]〈select_list〉
〈select_list〉::= {* |{table_name|view_name|table_alias}. * |
{column_name|expression}[[AS]column_alias]}[,...n]
```

语法说明

(1)ALL 指定在结果集中可以显示重复行，是默认设置。

(2)DISTINCT 指定在结果集中只能显示唯一行。

(3)TOP n[PERCENT]指定只从查询结果集中输出前 *n* 行。*n* 是 0～4294967295 的整数。如果还指定了 PERCENT，则只从结果集中输出前百分之 *n* 行。当指定 PERCENT 时，*n* 必须是 0～100 的整数。如果查询包含 ORDER BY 子句，将输出由 ORDER BY 子句排序的前 *n* 行(或前百分之 *n* 行)。如果查询没有 ORDER BY 子句，行的顺序将任意。

(4)〈select_list〉表示结果集包含的列。选择列表是以逗号分隔的一系列表达式。

(5)* 表示所有列。

(6)table_name|view_name|table_alias. * 表示将 * 的作用域限制为指定的表或视图。

(7)column_name 表示要返回的列名。

(8)expression 表示要返回的表达式，即列名、常量、函数及由运算符连接的列名、常量和函数的任意组合，或者是子查询。

(9)column_alias 表示查询结果集内替换列名的可选名，即别名。

例 5-1 查询 Books 表中所有图书的名称。

查询的结果是图书名称，在表结构中图书名称用 title 表示，查询的数据所在的表是 Books。查询的列放在 SELECT 语句后面，涉及的表放在 FROM 语句后面，所以查询语句如下所示。

```
USE BookSale
GO
SELECT title
FROM Books
GO
```

例 5-2 查询所有图书的详细信息。

选择表或视图的所有列时，既可以明确地指明各列的列名，也可以使用关键字星号(*)来代表所有的列名。查询图书表 Books 的所有属性，所有列可以用 * 代替，即把每个属性都列出来。

```
USE BookSale
GO
SELECT
```

```
*
FROM
Books GO
- - - - - 等价于
USE BookSale
GO
SELECT bookID,title,ISBN,author,unitPrice,categoryCode
FROM Books
GO
```

例 5-3　查询图书表的图书名称、作者和价格，在查询结果中，列的名称使用上述中文表示。

图书名称、作者和价格分别是用英文表示的三个属性列，在 SELECT 语句后指定返回列的名称。用中文含义代替英文的属性名，可以使用别名来实现，可以自定义选择列的名称或为派生列指定名称。

(1)不使用别名。

```
USE BookSale
GO
SELECT title,author,unitPrice
FROM Books
GO
```

(2)使用别名，别名形式为:“列名 AS 别名”。

```
USE BookSale
GO
SELECT title AS 图书名称,author AS 作者,unitPrice AS 价格
FROM Books
GO
```

(3)使用别名，别名形式为:“列名别名”。

```
USE BookSale
GO
SELECT title 图书名称,author 作者,unitPrice 价格
FROM Books
GO
```

(4)使用别名，别名形式为:“别名＝列名”。

```
USE BookSale
GO
SELECT 图书名称= title,作者= author,价格= unitPrice
```

```
FROM Books
GO
```

例 5-4 查询有订单的顾客编号。

查询内容涉及订单和顾客编号，包含这两个属性的表是 Orders 表，查询只用一张表就可以完成。由于顾客订购订单不止一笔，所以在查询结果中顾客编号会有重复，需要在查询结果中消除重复行。可以使用 DISTINCT 消除重复行。

```
USE BookSale
GO
SELECT DISTINCT(customerID)FROM Orders                    ——消除重复行
GO
SELECT ALL(customerID)FROM Orders
ALL GO
```

例 5-5 查询 Books 表前五本书的详细信息。

SELECT 子句使用 TOP 关键字限制返回结果集中行的数量，即仅返回查询结果集的前一部分数据。TOP 的语法格式为 TOP n[PERCENT]，其中[PERCENT]为可选部分，表示百分比，例如，前 20 可以表示为：TOP 20 PERCENT。

```
USE BookSale
GO
SELECT TOP 5 *
FROM Book
GO
```

例 5-6 查询 Books 表前 20%的书的详细信息。

```
USE BookSale
GO
SELECT TOP 20 PERCENT *
FROM Books
GO
```

最简单的查询语句由 SELECT 和 FROM 两个子句组成。一般把查询的结果放在 SELECT 语句后面，如属性或是属性列表，这些属性或属性列表来自哪一张表，就把这个表的表名放在 FROM 语句后面。表可以是实表也可以是虚表视图，选择表或视图的特定列，可以明确地指明查询的列名，如果查询结果包含多个列名，则列名之间用逗号分开。如果有常量需要输出，则将常量值等同于列名。

5.1.2 WHERE 子句

如果查询是有条件的查询，那么查询语句就不只是 SELECT 和 FROM 子句，还要加上 WHERE 子句说明查询条件。WHERE 子句的作用是指定用于限制返回的行的搜索条件。WHERE 子句的语法格式如下所示。

WHERE〈search_conditions〉

语法说明

〈search_conditions〉表示查询条件。

WHERE 子句通过设定查询条件获取特定行。WHERE 子句的条件表达式通常是比较(=、>、<、>=、<=、<>)、范围(BETWEEN... AND)、集合(IN)、模式匹配(LIKE)、空值判断(IS[NOT]NULL) 和逻辑条件(AND、OR、NOT)运算表达式。

1. 比较查询

例 5-7　查询图书类别代号是"information01"的图书的详细信息。

```
USE BookSale
GO
SELECT *
FROM Books
WHERE categoryCode= 'information01'
GO
```

要根据实际的查询条件来选择对应的比较运算符,例如,"价格大于 50 元",使用比较运算符">";"价格低于 30 元",使用比较运算符"<"。

2. 范围查询

例 5-8　查询价格在 50～100 元的图书的详细信息。

```
USE BookSale
GO
SELECT *
FROM Books
WHERE unitPrice between 50 and 100
GO
```

3. 集合查询

例 5-9　查询图书类别代号为"computer01"或"information01"的图书的详细信息。

```
USE BookSale
GO
SELECT *
FROM Books
WHERE categoryCode in('computer01','information01')
GO
```

4. 模式匹配查询

LIKE 运算符用于将选择的列与字符串进行模式匹配运算,其语法格式如下所示。

match_expression[NOT]LIKE pattern

语法说明

(1)match_expression 表示字符类型的任何有效表达式。

(2)pattern 表示在 match_expression 中进行搜索的模式。它可以包括下列有效的 SQL Server 通配符,如表 5-1 所示。

表 5-1 通配符

通配符	含义	示例
%	表示任意长度(0 个或多个)的字符串	'a%'表示以 a 开头的任意长度的字符串
_	表示任意单个字符	'a_'表示以 a 开头的长度为 2 的字符串
[]	表示一定范围内的任意单个字符	'[0-9]'表示 0～9 的任意单个字符
[^]	表示指定范围外的任意单个字符	'[^0-9]'表示 0～9 以外的任意单个字符

例 5-10 查询图书名称中包含"教程"的图书的详细信息。

```
USE BookSale
GO
SELECT *
FROM Books
WHERE title LIKE  '教程% '
GO
```

例 5-11 查询 Orders 表中 2013—2014 年发货的订单编号、发货日期和顾客编号。

```
USE BookSale
GO
SELECT orderID,shipDate,customerID
FROM Orders
WHERE YEAR(shipDate)LIKE '201[3-4]'
GO
```

5. 空值判断查询

Transact-SQL 使用 IS[NOT]NULL 运算符判断空值。

例 5-12 查询 Orders 表中没有发货的订单编号、订货日期和顾客编号。

```
USE BookSale
GO
SELECT orderID,orderDate,customerID
FROM Orders
WHERE shipDate IS NULL
GO
```

6. 逻辑条件查询

逻辑运算符 AND、OR 和 NOT 用来连接多个条件表达式。

(1)AND:用于两个条件表达式的"与"连接。

(2)OR:用于两个条件表达式的"或"连接。

(3)NOT:用于一个条件表达式的"非"连接。

例 5-13　查询 Orders 表中 2023 年的订单详情。

```
USE BookSale
GO
SELECT *
FROM Orders
WHERE orderDate>= '2013- 1- 1'AND orderDate<= '2023- 12- 31'
GO
```

5.1.3　ORDER BY 子句

ORDER BY 子句用于对指定结果集进行排序。可以按照一个或多个属性列对结果进行升序(ASC)或是降序(DESC)排序,默认是升序。

[ORDER BY{order_by_expression[ASC|DESC]}[,...n]]

例 5-14　查询图书类别代号为"computer01"的图书的书名、作者、ISBN 号及价格,并且按照价格降序显示。

```
USE BookSale
GO
SELECT title,author,ISBN,unitPrice
FROM Books
WHERE categoryCode= 'computer01'
ORDER BY unitPrice DESC
GO
```

5.2　分组统计查询

有时,用户查询的数据不是表中的原始数据,而是由表中原始数据计算得到的结果,这时就需要使用集合函数。另外,用户还可以按照一定的条件对数据分组后再进行数据统计。

5.2.1　集合函数

集合函数用于对结果集所有行进行数据统计,并在查询结果中生成汇总值。常见的集合函数如表 5-2 所示。

表 5-2　集合函数

集合函数	功能描述
COUNT ([DISTINCT|ALL]列表达式|*)	计算一列中值的个数;COUNT(*)计算选定行的行数
SUM([DISTINCT|ALL])列表达式	计算一列中值的总和(此列为数值型)
AVG([DISTINCT|ALL])列表达式	计算一列的平均值(此列为数值型)

续表 5-2

集合函数	功能描述
MAX([DISTINCT|ALL])列表达式	计算一列的最大值
MIN([DISTINCT|ALL])列表达式	计算一列的最小值

例 5-15 查询 Books 表中图书的数量。

```
USE BookSale
GO
SELECT COUNT(* )
FROM Books
GO
```

例 5-16 查询 Books 表中图书价格的最高值、最低值和平均值。

```
USE BookSale
GO
SELECT MAX(unitPrice),MIN(unitPrice),AVG(unitPrice)
FROM Books
GO
```

5.2.2 分组查询子句

在数据查询中,有一类应用是在某一列属性值相同的情况下,利用集合函数求平均值、最大值、最小值、总和、计数等操作,进行数据的横向比较。使用 GROUP BY 子句来实现分组查询。

使用 GROUP BY 子句进行分组汇总的语法格式如下所示。

```
[GROUP BY[ALL]group_by_expression[,...n]
[WITH{CUBE|ROLLUP}]
]
```

语法说明

(1)ALL 表示包含所有组和结果集,甚至包含那些其中的所有行都不满足 WHERE 子句指定的搜索条件的组和结果集。如果指定了 ALL,将对组中不满足搜索条件的汇总列返回空值。不能用 CUBE 或 ROLLUP 运算符指定 ALL。

(2)group_by_expression 表示进行分组所依据的表达式,也称为组合列。group_by_expression 可以是列,也可以是引用由 FROM 子句返回的列的非集合表达式。不能使用在选择列表中定义的列别名来指定组合列。

GROUP BY 子句用于对结果集中的行按照指定列进行分组,并且按组进行统计汇总。HAVING 子句一般用于对组设定查询条件。

①不能在 group_by_expression 中使用类型为 text、ntext 和 image 的列。

②使用 GROUP BY 子句进行分组汇总时,SELECT 子句中的列表达式必须满足下列两个条件之一。

a. 应用了集合函数。

b. 未应用集合函数的列必须应用于 GROUP BY 子句中。

例 5-17　查询 Books 表，按照图书类别代号分组，查询各图书种类的图书价格最高值、最低值和平均值。

```
USE BookSale
GO
SELECT categoryCode , MAX ( unitPrice ) , MIN ( unitPrice ) , AVG(unit-
Price)
FROM Books
GROUP BY categoryCode
GO
```

例 5-18　查询订单项目表，按照订单编号分组，查询图书编号一种以上的总图书数量和总价格，分别使用别名表示。

```
USE BookSale
GO
SELECT orderID 订单编号,SUM(quantity)总图书数量,SUM(total)总价格
FROM OrderItems
GROUP BY orderID
HAVING COUNT(bookID)
>1
GO
```

HAVING 子句与 WHERE 子句的区别如下。

(1)WHERE 子句设置的查询条件在 GROUP BY 子句之前发生作用，并且查询条件中不能包含集合函数。

(2)HAVING 子句设置的查询条件在 GROUP BY 子句之后发生作用，并且查询条件中允许使用集合函数。

5.2.3　COMPUTE BY 子句

使用 COMPUTE BY 子句进行汇总的语法格式如下所示。

```
[COMPUTE
{{AVG|COUNT|MAX|MIN|STDEV|STDEVP|VAR|VARP|SUM}
(expression)}[,...n]
[BY expression[,...n]]
]
```

语法说明

(1)AVG|COUNT|MAX|MIN|STDEV|STDEVP|VAR|VARP|SUM 指定要执行的集合运算。

(2)expression 必须出现在选择列表中，并且必须被指定为与选择列表中的某个表达式相同。不能在 expression 中使用选择列表中所指定的列别名。

(3)BY expression 表示在结果集中生成控制中断和小计。expression 是关联 ORDER BY 子句中 order_by_expression 的相同副本。通常，这是列名或列别名，可以指定多个表达式。在 BY 之后列出多个表达式将把组划分为子组，并在每个组级别应用集合函数。

例 5-19 查询并汇总订单编号为 4 的图书的图书编号、图书数量和价格总额。

```
USE BookSale
GO
SELECT bookID 图书编号,quantity 图书数量,total 价格总额
FROM OrderItems
WHERE orderID= '4'
ORDER BY bookID
COMPUTE COUNT(bookID),SUM(quantity),SUM(total)
GO
```

5.3 高级查询

高级查询主要有子查询、连接查询、联合查询。

5.3.1 子查询

SQL 语言是结构化查询语言。在子查询中，每一个查询块都是符合查询语句的基本结构。使用子查询需要理解数据库的关系图，因为关系图体现了表之间的逻辑关系。子查询是建立在数据库关系图的基础上的，一层一层地查询，每一层的查询结果将作为下一层查询的条件，依此类推。

子查询也称为内部查询，包含子查询的 SELECT 语句称为父查询或外部查询。SQL Server 处理子查询的过程是由内向外的，即每个子查询在其上一级父查询处理之前求解。子查询的结果用于建立其父查询的查询条件。

使用子查询时，应注意以下几点。

(1)子查询的 SELECT 语句总是使用圆括号括起来。

(2)子查询的返回值为单值时，子查询被允许应用于除 WHERE 子句和 HAVING 子句以外的任何表达式。

(3)子查询允许嵌套。

根据子查询的返回结果集不同，子查询分为比较子查询、IN 子查询、EXISTS 子查询。

1. 比较子查询

比较子查询是指由一个比较运算符(=、<>、>、>=、<、! >、! <、<=)引入子查询，且子查询返回的结果是一个值，而不是值列表。要使用比较子查询，子查询必须只返回一个值。如果子查询返回多个值，将显示错误信息。

例 5-20　查询“计算机”类图书的图书名称、ISBN 号及价格。

```
USE BookSale
GO
SELECT title,ISBN,unitPrice
FROM Books
WHERE categoryCode=
(SELECT categoryCode
FROM Categories
WHERE categoryName= '计算机')
GO
```

2. IN 子查询

IN 子查询是指由 IN(或 NOT IN)运算符引入子查询,且子查询返回的结果是一个包含零个值或多个值的集合。

例 5-21　查询“张志远”订阅的图书的详细信息。

通过查询顾客表找到“张志远”的顾客编号,在订单表中找到该顾客编号对应的订单编号(如果结果不唯一使用 IN),再由订单编号找到订单项目表图书编号(如果结果不唯一使用 IN),再由图书编号在 Books 表中查询图书的详细信息。

```
USE BookSale
GO
SELECT *
FROM Books
WHERE bookID
IN
(
SELECT bookID
FROM OrderItems
WHERE orderID
IN
(
SELECT
orderID FROM
Orders
WHERE customerID=
(SELECT
customerID FROM
Customers
WHERE customerName= '张志远'))
GO
```

3. EXISTS 子查询

EXISTS 子查询是指使用 EXISTS(或 NOT EXISTS)运算符引入子查询,且子查询不返回任何数据,只返回 TRUE 或 FALSE 值。在使用 EXISTS 子查询时,外部查询的 WHERE 子句测试子查询的返回值,如果返回值为 TRUE,外部查询执行满足子查询条件的查询操作;如果返回值为 FALSE,外部查询执行不满足子查询条件的查询操作。

5.3.2 连接查询

连接查询用于实现从两个或多个表中根据各表之间的逻辑关系来查询数据。一个数据库中的多个表之间一般存在某种内在联系,用户通过连接运算就可以把多张表连接成一张表,这样又回到了之前的简单查询,查询的范围从而可以扩展到多表。

1. 连接的定义方法

Transact-SQL 提供了两种定义连接的方法,分别是在 FROM 子句中定义连接和在 WHERE 子句中定义连接。

(1)在 FROM 子句中定义连接。

FROM 子句定义连接的语法格式如下所示。

```
SELECT select_list
FROM table JOIN_TYPE table2[ON join_condition]
[WHERE search_condition...]
```

语法说明

①JOIN_TYPE 用于指定连接类型,包括内连接(INNER JOIN 或 JOIN)、外连接(OUTER JOIN)和交叉连接(CROSS JOIN)。

②join_condition 是指连接条件表达式。

(2)在 WHERE 子句中定义连接。

WHERE 子句定义连接的语法格式如下所示。

```
SELECT select_list
FROM table1,table2
[WHERE join_condition AND search_condition...]
```

使用 FROM 子句或 WHERE 子句定义连接时,应注意以下两点。

(1)FROM 子句可以定义各种类型的连接,WHERE 子句只能定义内连接。

(2)由于连接查询涉及多个表,所以列的引用必须明确,重复的列名必须使用表名加以限定。为了提升程序的可读性,建议使用表名限定列名。

以上两种连接方法都可以实现连接查询,第二种方法初学时易于掌握,但只能定义内连接,建议先使用第二种方法理解连接查询,熟练后过渡到第一种方法。

2. 连接条件

连接条件是通过两张表的相关属性(一般情况下是外键)来实现的,多表连接需要表的两两连接,可以从下面两个方面实现连接查询。

(1)找到要连接的表中要用于连接的列。典型的连接条件是:找到两张表是否存在主外键关系,即对于一张表的主键,另外一张表存在与其存在参照关系的外键。

（2）指定用于比较各列值的逻辑运算符（如=、<>等），其中等值连接比较常见。

3. 连接的类型

连接查询是关系数据库中多表查询的主要形式，分为 3 种类型：交叉连接、内连接和外连接。为了便于理解各种类型的连接运算，假设有两个表 R 和 S，R 和 S 中存储的数据如图 5-1 所示。

（1）交叉连接。

交叉连接是指返回连接的两个表的笛卡儿积，即结果集中包含两个表中所有行的全部组合。交叉连接的结果集中行的数目等于第一个表的行数与第二个表的行数的乘积。

交叉连接的运算符是 CROSS JOIN。表 R 和表 S 进行交叉连接的结果集如图 5-1 所示。

R

A	B	C
1	2	3
4	5	6

S

A	D
1	2
3	4
5	6

R CROSS JOIN S

A	B	C	A	D
1	2	3	1	2
1	2	3	3	4
1	2	3	5	6
4	5	6	1	2
4	5	6	3	4
4	5	6	5	6

图 5-1　表 R 和表 S 交叉连接的结果集

（2）内连接。

内连接是指用比较运算符设置连接条件，返回符合连接条件的数据行。内连接包括等值连接、自然连接和不等值连接。

①等值连接：在连接条件中使用等号（=）比较连接的列，返回符合连接条件的行。结果集中包括重复列，显示两次连接列。

②自然连接：与等值连接的运算规则相同。但结果集中不包括重复列，只显示一次连接列。自然连接的连接列符合典型的连接条件，是具有内在联系的主键和外键列。

③不等值连接：在连接条件中使用除去等号以外的其他运算符（>、<、>=、<=、！=）比较连接的列。

内连接运算符是 INNER JOIN 或 JOIN。表 R 和表 S 进行内连接的结果集如图 5-2 所示。

R JOIN S(R.A=S.A)

R.A	B	C	S.A	D
1	2	3	1	2

R JOIN S

R.A	B	C	D
1	2	3	4

R JOIN S(R.A>S.A)

R.A	B	C	S.A	D
4	5	6	1	2
4	5	6	1	2

图 5-2　表 R 和表 S 内连接的结果集

（3）外连接。

外连接是指返回的结果集除了包括符合连接条件的行以外，还返回至少一个连接表的其他行。外连接包括左外连接、右外连接和全外连接。

①左外连接：是指通过左向外连接返回左表的所有行，右表中不符合连接条件的行设置为 NULL，运算符是 LEFT OUTER JOIN 或 LEFT JOIN。

②右外连接：是指通过右向外连接返回右表的所有行，左表中不符合连接条件的行设置为

NULL，运算符是 RIGHT OUTER JOIN 或 RIGHT JOIN。

③全外连接：是指返回两个表的所有行，运算符是 FULL OUTER JOIN 或 FULL JOIN。

表 R 和表 S 进行外连接的结果集如图 5-3 所示。

R LEFT JOIN S(R.A=S.A)

R.A	B	C	S.A	D
1	2	3	1	2

R RIGHT JOIN S(R.A=S.A)

R.A	B	C	S.A	D
1	2	3	1	2
NULL	NULL	NULL	3	4
NULL	NULL	NULL	5	6

R FULL JOIN S(R.A=S.A)

R.A	B	C	S.A	D
1	2	3	1	2
4	5	6	NULL	NULL
NULL	NULL	NULL	3	4
NULL	NULL	NULL	5	6

图 5-3　表 R 和表 S 外连接的结果集

例 5-22　查询“信息”类图书的详细信息。

图书信息在图书表中，“信息”类为图书类别名称，在图书类别表中，查询涉及了两张表，可以使用子查询的方式得到查询结果，也可以通过连接查询得到结果，连接查询和子查询思路不同，连接查询是把查询涉及的表连接起来，连接之后的结果组成了一张大表，包含了查询涉及的所有属性，接下来的查询就类似单表查询了。

```
SELECT Books.*
FROM Books JOIN Categories ON Books.categoryCode= Categories.cate-
goryCode
WHERE categoryName= '信息'
GO
```

不同的表如果属性名相同，在同时使用这些属性时，一定要注明是哪张表的属性，即用“表名.属性名”的形式来表示属性。

例 5-23　查询书名为“编译原理”的图书是哪些客户订购的并显示订单编号。

查询结果要包含书名和客户名，分别涉及图书表和客户表，需要把这两张表连接起来，查看数据库的关系图，需要借助 OrderItems 和 Orders 表。

```
SELECT title,customerName
FROM Books JOIN OrderItems ON Books.BookID= OrderItems.bookID
JOIN Orders ON Orders.orderID= OrderItems.orderID
JOIN Customers ON Orders.customerID= Customers.customerID
WHERE title= '编译原理'
GO
```

例 5-24　查询所有图书的订购情况并显示书名及订购数量。

在有些书没有被订购的情况下，等值连接之后查询结果将看不到没有被订购过的图书，但这些书也需要显示信息。这种情况需要采用外连接，外连接的一方将保留全部信息。

```
SELECT title,SUM(quantity)
FROM Books LEFT JOIN OrderItems ON Books.BookID= OrderItems.bookID
GROUP BY title
GO
```

5.3.3　联合查询

联合查询是指将多个 SELECT 语句的结果集进行并运算，组合成为一个结果集。联合查询的运算符是 UNION。

使用 UNION 运算符进行联合查询，应该注意以下几点。

(1)使用 UNION 运算符进行联合查询的结果集必须具有相同的结构，即列数相同、数据类型兼容、列顺序一致。

(2)联合查询返回的结果集中的列名是第一个 SELECT 语句中的列名。如果需要为返回值指定别名，则必须在第一个 SELECT 语句中指定。

例 5-25　把图书表中的价格小于 80 元以及图书类别代号是“computer01”的图书名称显示出来。

```
USE BookSale
GO
SELECT title FROM Books WHERE categoryCode= 'computer01'UNION
SELECT title FROM Books WHERE unitPrice<80
GO
```

联合运算除了 UNION 以外，还有 INTERSECT 和 EXCEPT 运算符，分别表示“交”运算和“减”运算，这里不再详细展开。

5.4　视　　图

视图是关系数据库系统提供给用户以多种角度观察数据库中数据的重要机制。对用户来说，视图是通过不同角度去看实际数据库中数据的窗口，通过窗口可以看到实际数据库中的不同部分，而透过视图可以看到数据库中自己需要的内容。

5.4.1　视图的概念

视图(view)是一种数据库对象，是从一个或多个数据表或视图中导出的虚拟表，视图并不存放任何物理数据，只是用来查看数据的窗口，用来显示查询结果。视图的结构和数据是对数据库进行查询的结果，为视图提供数据的表称为基表。

视图和数据表在使用时很相似，但二者之间仍存在区别。

(1)数据表中存放的是物理存在的数据，而视图中存储的是查询语句，并不存储视图查询的结果集。

(2)视图中的数据源于基表，是在视图被引用时动态生成的，当基表中的数据发生变化时，由视图查询出的数据也随之变化。

(3)通过视图更新数据时，实际上是对基表进行数据更新。

(4)视图可以显示表的一部分数据，也可以显示多个表中的数据。

视图经常被用户使用，因为它有如下优点。

(1)视图数据针对性强。视图能将用户感兴趣的数据集中在一起,而不必担心存储空间问题。视图的视角更符合用户了解综合信息的需要。

(2)视图可以简化数据操作。视图可将复杂的查询封装起来,执行相同查询时,不必重写复杂的查询语句,只需一条简单的查询视图语句即可查询到想要的数据。

(3)视图可以对机密数据提供安全保护。系统通过用户权限的设置,允许用户通过视图访问特定的数据,而不授予用户直接访问基表的权限,以便有效地保护表中的数据。

(4)视图作为外模式,面向不同用户,非常灵活。

5.4.2 视图的定义

1. 创建视图

创建视图的语法格式如下所示。

```
CREATE VIEW[schema_name.]view_name[(column[,...n])]
[WITH〈view_attribute〉[,...n]]
AS select_statement[;]
[WITH CHECK OPTION]
〈view_attribute〉::= {[ENCRYPTION][SCHEMABINDING]}
```

语法说明

(1)schema_name 表示视图在数据库中所属架构的名称,默认架构为 dbo。

(2)iew_name 表示新建视图的名称。视图名称必须符合标识符命名规则。

(3)column 表示视图中的列名。当视图中的列是派生列,或者多个列具有相同名称时,必须指定该参数,或在 SELECT 语句中为列指定别名。如果没有指定列名,则其列名由 SELECT 语句指派。一个视图最多只能引用 1024 个列。

(4)select_statement 表示定义视图的 SELECT 语句。该语句可以使用多个表或其他视图。

(5)WITH CHECK OPTION 表示强制视图上执行的所有数据操作都必须符合由 select_statement 中 WHERE 子句中设置的条件。

(6)ENCRYPTION 表示对视图的定义加密,使得任何人(包括视图创建者)都不能看到视图的定义。

(7)SCHEMABINDING 表示在删除该视图之前,不能删除该视图所使用的任何表、视图或函数。

视图定义中的 SELECT 语句可以进行任何复杂度的数据查询,但必须遵守以下几个原则。

(1)不能使用 INTO 子句。

(2)不能使用 COMPUTE...[BY]子句。

(3)不能使用 ORDER BY 子句,除非 SELECT 子句使用了关键字 TOP。

(4)不能引用临时表或表变量。

例 5-26 在 BookSale 数据库中创建一个名为 OrderInfo 的加密视图。该视图包含订单的详细信息以及客户和图书的信息。

```
    USE BookSale
    GO
    CREATE VIEW
    OrderInfo WITH
    ENCRYPTION
    AS
SELECT
title , customerName , orderDate , shipDate , quantity , unitPrice , price,
total
    FROM Books JOIN OrderItems ON Books.BookID= OrderItems.bookID
    JOIN Orders ON Orders.orderID= OrderItems.orderID
    JOIN Customers ON Orders.customerID= Customers.customerID
    GO
```

2. 查看视图

创建视图时，视图的名称存储在 sysobjects 表中，有关视图中所定义的列的信息添加到 syscolumns 表中，而有关视图相关性的信息添加到 sysdepends 表中。另外，CREATE VIEW 语句的文本添加到 syscomments 表中。查看视图中所定义的列的信息，其语法格式如下所示。

```
SELECT c.id,c.text
FROM syscomments c,sysobjects o
WHERE c.id= o.id and o.name= '〈视图名〉'
```

例 5-27　查看视图 computer_Info 的定义信息。

```
USE BookSale
GO
SELECT c.id,c.text
FROM syscomments c,sysobjects o
WHERE c.id= o.id and o.name= 'computer_Info'
GO
```

例 5-28　使用系统存储过程 sp_helptext 查看视图 computer_Info 的定义信息。

```
USE BookSale
GO
EXEC sp_helptext 'computer_Info'
GO
```

3. 修改视图

修改视图的语法格式如下所示。

```
ALTER VIEW[schema_name.]view_name[(column[,...n])]
[WITH〈view_attribute〉[,...n]]
```

```
AS
select_statement
[WITH CHECK OPTION]
<view_attribute>::= {[ENCRYPTION][SCHEMABINDING]}
```

4. 删除视图

对于不需要的视图，可以将其删除。删除视图不会影响基表及其数据。删除视图的语法格式如下所示。

```
DROP VIEW[schema_name.]view_name[...,n]
```

例 5-29 删除视图 computer_Info。

```
USE BookSale
GO
DROP VIEW computer_Info
GO
```

5.4.3 视图的应用

SQL Server 允许用户采用操作表的方法操纵视图，即对视图进行 SELECT、UPDATE、INSERT、DELETE 操作。但由于视图只是虚表，并不存储数据，因此通过视图操纵数据将被转换为对基表进行数据操纵。

1. 通过视图查询数据

通过视图进行数据查询不受任何限制。

例 5-30 通过视图 computer_Info 查看所有图书的详细信息。

```
USE BookSale
GO
SELECT *
FROM computer_Info
GO
```

2. 通过视图修改数据

通过视图修改数据，应遵循以下规则。

(1)系统允许修改基于两个或多个基表得到的视图，但是每次修改只能涉及一个基表，否则操作失败。

(2)系统不允许修改视图中的计算列、集合列和 DISTINCT 关键字作用的列。

(3)如果视图定义中包含 GROUP BY 子句，则不能通过视图修改数据。

(4)通过视图修改基表中的数据时，必须满足基表上定义的完整性约束。

(5)如果视图定义中包含 WITH CHECK OPTION 选项，则 INSERT 操作必须符合视图定义中 WHERE 子句设定的查询条件；不满足 WHERE 子句查询条件的 UPDATE 和 DELETE 操作可以被允许，但对基表不起任何作用。

例 5-31 通过视图 computer_Info 插入一本“计算机”类图书的信息。

```
    USE BookSale
    GO
    INSERT INTO computer_Info VALUES( 'C# 程序设计','978- 7- 111- 25121- 8',
NULL,50,'computer01')
    GO
```

视图 computer_Info 定义中包含 WITH CHECK OPTION 选项,插入的信息的 category-Code 字段若不是 computer01,则视图进行的插入将失败。视图的修改、删除可参照对基本表的相应操作。

任务6　存储过程、函数与触发器

6.1　存储过程

6.1.1　存储过程概述

1.存储过程的优点

之所以使用 Transact-SQL 语言编写的存储过程，而不是使用存储在客户计算机上的 Transact-SQL 语句，是因为存储过程具备许多突出的优点。

(1)存储过程允许用户进行模块化程序设计，大大提高用户设计程序的效率。

(2)存储过程已经在服务器上注册，这样可以提高 Transact-SQL 语句的执行效率。

(3)存储过程可以大大减小网络通信流量，这是使用存储过程非常重要的原因之一。

(4)存储过程具有安全特性和所有权链，可以执行所有权管理。

(5)存储过程可以提高应用程序的安全性，防止 SQL 注入式攻击。

(6)存储过程是一组命名代码，允许延迟绑定。也就是说，可以在存储过程中引用当前不存在的对象，当然这些对象在存储过程执行时应该存在。

2.存储过程的分类

SQL Server 系统提供了 3 种基本的存储过程类型，即用户自定义存储过程、扩展存储过程和系统存储过程。

(1)用户自定义存储过程。

用户自定义存储过程是主要的存储过程类型。用户自定义存储过程可以接收输入参数，向客户端返回表格或标量结果及消息，调用数据定义语言、数据操纵语言语句，然后返回参数。

(2)扩展存储过程。

扩展存储过程是指使用某种编程语言，如 C 语言等创建的外部例程，是可以在 SQL Server 实例中动态加载和运行的 DLL(Dynamic Link Library，动态链接库)。但是微软公司宣布，从 SQL Server 2005 版开始，将逐步删除扩展存储过程类型，这是因为使用 CLR(Common Languoge Runtime，公共语言运行时)存储过程可以可靠而安全地实现扩展存储过程的功能。

(3)系统存储过程。

系统存储过程是指用来完成 SQL Server 中许多管理活动的特殊存储过程。从物理上来

说，系统存储过程存储在 Resource 系统数据库中，并且带有 sp_前缀。从逻辑上来说，系统存储过程出现在每个系统数据库和用户数据库的 sys 架构中。

3. 存储过程的创建与执行

存储过程在创建之后到第一次被执行时，需要经过语法分析阶段、解析阶段、编译阶段和执行阶段。

（1）语法分析阶段。

语法分析阶段是指创建存储过程时，系统检查其创建语句的语法正确性的过程。在存储过程的创建过程中，如果碰到语法错误，该存储过程将创建失败。如果语法检查通过，系统将该存储过程的定义保存在当前数据库的 sys. sql_modules 目录视图中。

（2）解析阶段。

解析阶段是指某个存储过程首次执行时，查询处理器从 sys. sql_modules 目录视图中读取该存储过程的文本并且检查该过程引用的对象名称是否存在的过程。需要注意的是，延迟名称解析只对引用的表对象适用，存储过程引用的其他对象必须在创建存储过程时已经存在。

（3）编译阶段。

编译阶段是指分析存储过程和生成存储过程执行计划的过程。执行计划是描述存储过程执行最快的方法，其生成过程取决于表中的数据量、表的索引特性、WHERE 子句使用的条件以及是否使用了 UNION、GROUP BY、ORDER BY 子句等因素。查询优化器在分析完存储过程的这些因素之后，将生成的执行计划置于内存高速缓冲存储区中。

（4）执行阶段。

执行阶段是指执行驻留在高速缓冲存储区中的存储过程执行计划的过程。在以后的执行过程中，如果现有的执行计划依然驻留在高速缓冲存储区中，SQL Server 将重用现有的执行计划。如果执行计划不再位于高速缓冲存储区中，则创建新的执行计划。

当存储过程引用的基础表发生了结构变化时，该存储过程的执行计划将会自动优化。但是当在表中添加了索引或更改了索引列中的数据时，该执行计划不会自动优化，应该重新编译存储过程，以便更新原有的执行计划。在 SQL Server 系统中，可以使用 3 种方式重新编译存储过程。

①使用 sp_recompile 系统存储过程。

②在 CREATE PROCEDURE 语句中使用 WITH RECOMPILE 子句。

③在 EXECUTE 语句中使用 WITH RECOMPILE 子句。

6.1.2　存储过程的定义与执行

某些特殊的语句是不能包含在存储过程定义中的，可以在存储过程中引用临时表，如果在存储过程中创建了本地临时表，则临时表只是存在于存储过程内，退出存储过程之后，相应的临时表也就消失了。

1. 定义与执行存储过程

可以使用 CREATE PROCEDURE 语句创建存储过程，但是只有具有 CREATE PROCEDURE 权限的用户才能够创建存储过程，存储过程是架构作用域中的对象，只能在本地数据库中创建。创建存储过程的语法格式如下所示。

```
CREATE {PROC|PROC EDURE}[SchemaName.]ProcedureName
[{@ parameter DataType}[= Default][[OUTPUT]][,...n]]
[WITH{ENCRYPTION|RECOMPILE|ENCRYPTION,
RECOMPILE}]
AS SqlStatement
```

语法说明

(1)创建存储过程的命令关键词 CREATE PROCEDURE 可以简写为 CREATE PROC。

(2)SchemaName 用于指定所创建的存储过程属于哪个架构,如果没有指定架构,则存储过程属于 dbo 架构;ProcedureName 是所创建的存储过程的名字。

(3)@ parameter 用于指定形式参数的名字,可以使用多个形式参数;DataType 用于指定形式参数的数据类型;Default 用于指定参数默认值,如果调用储存过程时没有指定实际参数,则使用该默认值; OUTPUT 用于指定该形式参数是输出参数。

(4)ENCRYPTION 选项表示加密该存储过程定义的文本,任何用户,包括存储过程的拥有者都无法查看该存储过程定义的文本; RECOMPILE 选项表示每一次执行该存储过程都重新进行编译。

(5)SqlStatement 是存储过程中包含的 Transact-SQL 语句,是存储过程的主体。

例 6-1 在数据库 BookSale 中创建一个存储过程 PrcBook,根据用户提供的图书编号查看图书的详细信息,加密该存储过程定义的文本。该存储过程需要一个输入参数,表示图书编号。

```
USE BookSale
GO
CREATE PROCEDURE
PrcBook@bookID int WITH
ENCRYPTION
AS
SELECT *  FROM Books WHERE
bookID= @bookID
GO
```

例 6-2 执行存储过程 PrcBook,提供一个图书编号作为实际输入参数。

```
USE BookSale
GO
EXEC PrcBook3
GO
```

执行的结果如图 6-1 所示。

	bookID	title	ISBN	author	unitPrice	categoryCode
1	3	SQL Server 2005实用教程	978-7-5121-0059-6	王秀英	32.00	information01

图 6-1 执行存储过程 PrcBook 的结果

例 6-3　创建一个存储过程 PrcBookDel，根据用户输入的图书编号删除指定图书的记录。在存储过程执行过程中如果发生错误，对错误进行适当处理。最后通过输出参数得到删除的行数。

```
USE BookSale
GO
CREATE PROCEDURE PrcBookDel@bookID int,@n bigint
OUTPUT AS
BEGIN TRY
DELETE FROM Books WHERE
bookID= @bookID
SET@n= ROWCOUNT_BIG()
END TRY
BEGIN CATCH
PRINT'存储过程 PrcBookDel 执行过程中发生错误'
SET@n= - 1
END CATCH
GO
```

在调用带有输出参数的存储过程时，需要使用 OUTPUT 关键字指定接收输出参数结果的变量，并且事先需要声明该变量。在执行存储过程后，该变量还可以用在当前批中的其他命令中。

例 6-4　执行存储过程 PrcBookDel，根据用户输入的图书编号删除指定图书，得到删除的行数。

```
USE BookSale
GO
DECLARE@result int
EXEC PrcBookDel 3,@result
OUTPUT PRINT@result
GO
```

执行的结果是消息窗口中显示 1，也就是 1 条记录被删除了。

2. 修改存储过程

可以使用 ALTER PROCEDURE 语句修改已经存在的存储过程。修改存储过程与删除并重新建立同名存储过程是不同的，修改存储过程会保持存储过程的权限不变，但是删除并重建同名存储过程后，该存储过程的权限需要重新定义。

3. 删除存储过程

如果不再需要存储过程了，可以将其删除。删除存储过程语法格式如下所示。

```
DROP PROC[EDURE]ProcedureName
```

语法说明

ProcedureName 是指被删除的存储过程的名称。

6.2 函　　数

SQL Server 不仅提供了各种好用的内置函数，而且用户还可以自己建立函数以封装常用的代码块，开发一次便能够重复地使用它们。使用用户自定义函数有一些限制，包括不能改变数据库中的任何对象以及该数据库本身的状态。因此，用户自定义函数不能插入、更新或删除表中的数据，也不能创建、修改或删除数据库中的对象。但是，用户自定义函数可以创建一个或多个表变量，并对该表变量执行 INSERT、UPDATE、DELETE 语句。用户自定义函数可分为以下几类。

6.2.1 确定性函数与非确定性函数

确定性函数是指对于相同的输入值集合，每次调用确定性函数都会返回相同的结果。例如，COS()就是一个确定性函数，因为对于相同的角度值，每次调用该函数求出的余弦值都是相同的。

相反，对于相同的输入值集合，每次调用非确定性函数返回的结果可能不同。例如，GETDATE()函数就是一个非确定性函数，每次调用该函数返回的系统日期时间可能都是不同的。

6.2.2 标量函数

创建标量函数的语法格式如下所示。

```
CREATE FUNCTION[SchemaName.]FunctionName
([{@ parameter DataType}[= Default][,...n]])
RETURNS ReturnDataType
[WITH{ENCRYPTION|SCHEMABINDING|ENCRYPTION,SCHEMABINDING}]
AS
BEGIN
FunctionBody
RETURN ScalarExpression
END
```

语法说明

(1) SchemaName 用于指定所创建的函数属于哪个架构，FunctionName 是所创建的函数的名字。

(2)RETURNS 后面的 ReturnDataType 用于指定函数返回值的数据类型。

(3)ENCRYPTION 选项表示加密函数定义的文本，SCHEMABINDING 选项可以防止该函数所依赖的任何对象被删除。

(4)FunctionBody 是函数的主体部分，RETURN 用于指定该函数要返回的值。

例 6-5　在数据库 BookSale 中创建一个函数 FunBookCount，该函数根据给定的图书编号返回该图书的销售册数。

```
USE BookSale
GO
CREATE FUNCTION FunBookCount(@bookIDint)
RETURNS int
AS
BEGIN
DECLARE@BookCount int
SELECT@BookCount= SUM
(quantity) FROM OrderItems
WHERE bookID= @bookID
IF(@BookCount IS NULL)
SET@BookCount= - 1
RETURN@BookCount
END
GO
```

因为标量函数只返回一个值，所以通常在查询语句的 SELECT 子句或 WHERE 子句中使用它们。

例 6-6　在查询语句中调用函数 FunBookCount，显示每本图书的图书编号、书名和销售册数。

```
USE BookSale
GO
SELECT bookID,title,dbo.FunBookCount(bookID)AS BookCount
FROM Books
GO
```

执行的结果如图 6-2 所示。

	bookID	title	BookCount
1	1	编译原理	3
2	2	操作系统概念	11
3	3	SQL Server 2005实用教程	-1
4	4	网络设备互连学习指南	-1
5	5	Java编程思想	-1
6	6	新思路计算机应用基础	27
7	7	剑桥标准英语教程	1
8	8	托福考试冲刺试题	-1
9	9	狼图腾	3
10	10	乐观的心	3

图 6-2　调用函数 FunBookCount 的结果

6.2.3 内联表值函数

创建内联表值函数的语法格式如下所示。

```
CREATE FUNCTION[SchemaName.]FunctionName
([{@ parameter DataType}[= Default][,...n]])
RETURNS TABLE
[WITH{ENCRYPTION|SCHEMABINDING|ENCRYPTION,SCHEMABINDING}]
AS RETURN(SelectStatement)
```

语法说明

(1)RETURNS TABLE 表示这是一个内联表值函数。

(2)内联表值函数中只包含一个 RETURN 语句,并且返回一个 SELECT 查询语句的执行结果。

内联表值函数的实现类似于一个视图,但是它比视图的应用更灵活,因为可以在内联表值函数的 SELECT 查询语句的 WHERE 子句中使用参数,所以内联表值函数可以实现参数视图的功能。

例 6-7 创建一个函数 FunBookByCst,根据顾客编号返回其所购买的图书的详细信息。

```
USE BookSale
GO
CREATE FUNCTION FunBookByCst(@customerID
int) RETURNS TABLE
AS RETURN
(SELECT
b.* FROM
Books b
JOIN OrderItems i ON b.bookID= i.bookID
JOIN Orders o ON o.orderID= i.orderID
WHERE o.customerID= @customerID
)
GO
```

因为表值函数可以返回一个表,所以可以在查询语句的 FROM 子句中使用它们。

例 6-8 调用函数 FunBookByCst,查看指定顾客所购买的图书的详细信息。

```
USE BookSale
GO
SELECT *
FROM FunBookByCst(1)
GO
```

6.2.4　多语句表值函数

创建多语句表值函数的语法格式如下所示。

```
CREATE FUNCTION[SchemaName.]FunctionName
([{@parameter DataType}[= Default][,...n]])
RETURNS@ReturnVariable TABLE<TableTypeDefinition>
[WITH{ENCRYPTION|SCHEMABINDING|ENCRYPTION,
SCHEMABINDING}] AS
BEGIN
FunctionBody
RETURN
END
```

语法说明

(1)RETURNS 后面是一个表变量,并且需要定义该表变量的结构。

(2)RETURN 后面没有任何内容,这是和标量函数及内联表值函数的定义不同的地方。

例 6-9　创建一个函数 FunBookSta,该函数可以统计每本图书的销售总册数和销售总金额。

```
USE BookSale
GO
CREATE FUNCTION FunBookSta()
RETURNS@BookSta TABLE
(bookID int,
title nvarchar(50),
sumBook int,
sumTotal decimal(8,2))
AS
BEGIN
INSERT INTO@BookSta
SELECT b.bookID,b.title,SUM(i.quantity),SUM(i.total)
FROM Books b JOIN OrderItems i ON b.bookID= i.bookID
GROUP BY b.bookID,b.title
RETURN
END
GO
```

例 6-10　调用函数 FunBookSta,查询图书的销售统计信息。

```
USE BookSale
GO
SELECT *
FROM FunBookSta()
GO
```

执行的结果如图 6-3 所示。

	bookID	title	sumBook	sumTotal
1	1	编译原理	3	213.60
2	2	操作系统概念	11	651.20
3	6	新思路计算机应用基础	27	820.80
4	7	剑桥标准英语教程	1	159.20
5	9	狼图腾	3	76.80
6	10	乐观的心	3	115.20

图 6-3　调用函数 FunBookSta 的结果

6.3　触　发　器

触发器是一种特殊类型的存储过程，这是因为触发器也包含了一组 Transact-SQL 语句。但是触发器又与存储过程明显不同，例如触发器可以自动执行。如果希望系统自动完成某些操作，并且自动维护确定的业务逻辑和相应的数据完整性，那么可以通过使用触发器来实现。

按激活事件类型的不同，可以把 SQL Server 系统提供的触发器分为两大类，即 DML 触发器和 DDL 触发器。

6.3.1　DML 触发器

当数据库中发生数据操纵语言(Data Manipulation Language，DML)事件时将触发 DML 触发器。DML 事件包括针对指定表或视图的 INSERT、UPDATE 或 DELETE 语句。在 DML 触发器中，可以执行查询其他表的操作，也可以包含更加复杂的 Transact-SQL 语句。DML 触发器将触发器本身和激活事件的语句作为可以在触发器内回滚的单个事务对待。也就是说，在执行触发器的过程中，如果检测到错误发生，则整个激活事件语句和触发器操作的事务都将自动回滚。

1. DML 触发器的类型

按照触发器被激活的事件类型的不同，可以将 SQL Server 系统提供的 DML 触发器分为 3 种类型，即 INSERT 类型、UPDATE 类型和 DELETE 类型。当向一个表中插入数据时，如果该表有 INSERT 类型的 DML 触发器，则该 INSERT 类型的 DML 触发器就被激活。同样，如果该表有 UPDATE 或 DELETE 类型的 DML 触发器，则当对该触发器表中的数据执行更新或删除操作时，相应触发器就被激活执行。

DML 触发器可以按照两种模式被激活：AFTER 和 INSTEAD OF。

(1)AFTER 触发器。

AFTER 触发器在激活触发器的事件执行以后才执行。例如，如果将一行数据插入一个表中，则只有通过了由主键、唯一索引、规则和外键定义的所有检验之后，为 INSERT 操作定义的触发器才被激活。只要没有通过其中任何一种验证，SQL Server 就不执行该触发器。只能在表上定义 AFTER 触发器，不能在视图上定义 AFTER 触发器，并且可以在一个表上创建任意多个 AFTER 触发器。可以使用 sp_settriggerorder 系统存储来指定要对表执行的第一

个和最后一个 AFTER 触发器。对于一个表，只能为每个 INSERT、UPDATE 和 DELETE 操作指定第一个和最后一个 AFTER 触发器。如果在同一个表上还有其他 AFTER 触发器，则这些触发器将随机执行。

(2)INSTEAD OF 触发器。

如果希望使用触发器操作替代激活事件的操作，可以使用 INSTEAD OF 类型的触发器。也就是说，INSTEAD OF 触发器可以替代 INSERT、UPDATE 和 DELETE 激活事件的操作，所以也不会执行任何一种验证性检查。INSTEAD OF 触发器既可以建立在表上，也可以建立在视图上。通过在视图上建立 INSTEAD OF 触发器，可以大大增强通过视图修改表中数据的功能。对于一个表或视图，只能为每个 INSERT、UPDATE 或 DELETE 操作定义一个 INSTEAD OF 触发器。

2. 动态表

触发器可以访问两个动态生成的特殊表：inserted 表和 deleted 表。这两个表的结构总是与被触发器作用的表的结构相同，即列定义相同。这两个表是动态驻留在内存中的，随着触发器的执行而被创建，当触发器完成工作以后这两个表也被释放。这两个表中保存着因用户操作而被影响到的数据行。另外，这两个表是只读的，即用户不能向这两个表中写入内容，但可以引用这两个表中的数据。

当执行 INSERT 操作使相应的触发器被激活执行时，动态表 inserted 中包含插入表中的每一行记录，而 deleted 表中不包含任何记录。当执行 DELETE 操作使相应的触发器被激活执行时，动态表 deleted 中包含被删除的每一行记录，而 inserted 表中不包含任何记录。当执行 UPDATE 操作使相应的触发器被激活执行时，动态表 deleted 中包含更新前的每一行记录，即要被删除掉的记录，而 inserted 表中包含更新后的每一行记录，即插入表中的新记录。

3. 创建 DML 触发器

一个触发器内的代码可以由任何适合于批处理的语句和结构组成，但也有例外情况，下面列出了不能在触发器中使用的一些比较重要的命令。

(1)不能创建、修改、删除、备份或还原数据库。

(2)不能改变可能会导致触发器激活的表的结构变化，例如 CREATE INDEX 、ALTER INDEX 、DROP INDEX 、ALTER TABLE 、DROP TABLE 等。

SQL Server 不支持针对系统对象(系统表和动态管理视图)的触发器。此外，触发器只有在响应记录的操作时才会激活，TRUNCATE 和 WRITETEXT 等最小记录的操作不会导致 DML 触发器的激活。

创建 DML 触发器的语法格式如下所示。

```
CREATE TRIGGER[SchemaName.] TriggerName
ON{TableName|ViewName}[WITH ENCRYPTION]
{FOR|AFTER|INSTEAD OF}
{[INSERT][,][UPDATE][,][DELETE]}
AS SqlStatement
```

语法说明

(1)ON 用于指定触发器定义在哪个表或哪个视图上。

(2)FOR 用于指定触发器是 AFTER 触发器还是 INSTEAD OF 触发器，以及导致触发器激活的事件，如果仅指定 FOR 关键字，则默认为 AFTER 触发器。

例 6-11 在视图上创建一个 INSTEAD OF 触发器，使得向视图中插入记录的操作转变为向视图所引用的基本表中插入记录的操作。

(1)在 BookSale 数据库中创建一个视图 ViewBooks，包含图书的详细信息以及图书的类别名称。

```
USE BookSale
GO
CREATE VIEW
ViewBooks AS
SELECT b.* ,c.categoryName
FROM Books b LEFT JOIN Categories c ON b.categoryCode= c.category-
Code
GO
```

(2)在视图 ViewBooks 上创建一个触发器 TrBookInsert，当向视图中插入记录时，通过该触发器向 Books 表中插入记录。

```
CREATE TRIGGER TrBookInsert ON ViewBooks INSTEAD OF
INSERT AS
INSERT INTO Books(title,ISBN,author,unitPrice,categoryCode)
SELECT title,ISBN,author,unitPrice,categoryCode FROM inserted
GO
```

(3)执行向视图 ViewBooks 插入记录的操作，验证触发器的执行情况。

```
INSERT INTO ViewBooks(title, ISBN, author, unitPrice, categoryCode, cate-
goryName)
VALUES ( '触发器', '978- 7- 113- 23456- 1', 'AA',50,'computer01','计算
机')
GO
```

在执行完第 3 步以后，向 Books 表中插入了一条记录，这是因为在该视图上定义的 INSERT 类型的触发器是一个 INSTEAD OF 触发器，在触发器内部执行的向基本表中插入数据的操作取代了向视图中插入数据的操作。

触发器可能会发生嵌套调用的情况。例如，某个触发器的执行修改了表里的数据，而数据修改可能又触发了另一个触发器。通过服务器将 NESTED TRIGGERS 选项设置为 0，可以禁用各种形式的嵌套触发器。

触发器的递归调用是嵌套调用的一种特殊形式。如果一个触发器会导致自己激活自己，则该触发器被称为递归触发器。例如，一个表上的 UPDATE 操作激活一个 UPDATE 触发器，这个触发器中执行的 UPDATE 操作又会激活该触发器自己。因为递归可能会导致无穷尽的事务链，所以 SQL Server 有一种控制递归触发器的机制。数据库的 RECURSIVE_

TRIGGERS 选项通常被设置为 OFF，默认防止触发器递归调用的发生。

6.3.2　DDL 触发器

DDL 触发器与 DML 触发器有许多相似的地方，比如都需要激活事件进行触发。但是 DDL 触发器与 DML 触发器也有一些不同的地方，例如 DDL 触发器的激活事件主要是数据定义语言语句，包括以 CREATE、ALTER、DROP 及 GRANT、DENY、REVOKE 等关键词开头的语句，并且 DDL 触发器只有 AFTER 模式，没有 INSTEAD OF 模式。DDL 触发器的主要作用是执行管理操作，例如审核系统、控制数据库的操作等。

一般来说，DDL 触发器主要应用在以下场合。

(1)防止对数据库架构进行某些更改。

(2)希望数据库中发生某些变化以利于相应数据库架构的更改。

(3)记录数据库架构中的更改或事件。

创建 DDL 触发器的语法格式如下所示。

```
CREATE TRIGGER TriggerName
ON{ALL SERVER|DATABASE}[WITH ENCRYPTION]
{FOR|AFTER}
{EventType}
AS SqlStatement
```

语法说明

(1)ALL SERVER 表示将 DDL 触发器的作用域应用于当前服务器；DATABASE 表示将 DDL 触发器的作用域应用于当前数据库。

(2)EventType 用于指定激活 DDL 触发器的事件。

例 6-12　在数据库 BookSale 中创建一个 DDL 触发器，防止任何用户修改或删除表。

(1)创建 DDL 触发器。

```
USE BookSale
GO
CREATE TRIGGER TrAlterDropTable
ON DATABASE AFTER DROP_TABLE,
ALTER_TABLE AS
BEGIN
PRINT'不允许修改或删除表！'
ROLLBACK TRANSACTION
END
GO
```

(2)执行下面的语句，观察结果。

```
USE BookSale
GO
DROP TABLE
```

```
Comments
GO
```

执行结果如图 6-4 所示。

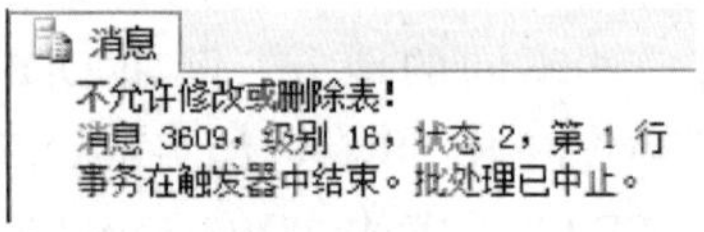

消息
不允许修改或删除表!
消息 3609，级别 16，状态 2，第 1 行
事务在触发器中结束。批处理已中止。

图 6-4 DDL 触发器被激活后修改或删除表的结果

6.4 实训指导

1. 创建并执行存储过程

(1)创建存储过程。

在数据库 BookSale 中创建一个存储过程 ProBook，根据用户提供的图书编号查看图书的详细信息，加密该存储过程定义的文本。该存储过程需要一个输入参数，表示图书编号。

①启动 SSMS，在“对象资源管理器”窗口中依次展开“数据库”“BookSale”“可编程性”节点，右击“存储过程”节点，在弹出的快捷菜单中选择“新建存储过程”命令，在打开的创建存储过程的新工作页中，系统已经预定义了部分文本。

②根据提示，分别输入存储过程的名称、参数以及主体部分。

③单击“SQL 编辑器”工具栏中的“执行”按钮，存储过程创建成功。

④在“对象资源管理器”窗口中刷新并展开“存储过程”节点，就可以看到刚刚创建的存储过程 ProBook。该存储过程的图标上出现了一把小锁，说明该存储过程的定义文本是加密的。

(2)执行存储过程。

①在“对象资源管理器”中展开 BookSale 数据库中的“可编程性”节点，展开“存储过程”节点，可以看到刚刚创建的存储过程 ProBook。

②右键单击存储过程 ProBook，在弹出的快捷菜单中选择“执行存储过程”命令，在弹出的“执行过程”对话框中输入参数。

③单击“确定”按钮，执行存储过程并返回结果。

2. 修改并查看函数的依赖关系

(1)修改函数。

①启动 SSMS，在“对象资源管理器”中依次展开“数据库”“BookSale”“可编程性”“函数”“标量值函数”节点，可以看到在例 6-5 中定义的函数 FunBookCount，该函数根据给定的图书编号返回该图书销售的数量。将函数 FunBookCount 修改为根据给定的图书编号返回该图书的总销售金额。

②鼠标右键选择标量函数 FunBookCount，在弹出的快捷菜单中选择“修改”命令，在新打开的工作页中修改函数。

③单击“SQL 编辑器”工具栏上的“执行”按钮，保存函数的修改。

④新建一个查询窗口，输入命令调用函数 FunBookCount。

(2)查看函数的依赖关系。

①在“对象资源管理器”中展开 BookSale 数据库中的“表值函数”节点，可以看到在例 6-9 中创建的多语句表值函数 FunBookSta。

②在该函数上右击鼠标，在弹出的快捷菜单中选择“查看依赖关系”命令。在“对象依赖关系”对话框中既可以查看依赖于函数 FunBookSta 的对象，也可以查看函数 FunBookSta 所依赖的对象。选中“[FunBookSta]依赖的对象”前面的单选按钮。

3. 查找触发器

在 SQL Server 中，触发器的类型较多。例如，可以针对 DML 语句创建 DML 触发器，也可以针对 DDL 语言创建 DDL 触发器。另外，对于 DML 触发器，既可以创建在表上，也可以创建在视图上。对于 DDL 触发器，既可以针对数据库事件创建，也可以针对服务器事件创建。对于不同类型的触发器，SQL Server 将它们存放在不同的节点下。

(1)查找触发器 TrBookInsert。该触发器是针对视图 ViewBooks 的 INSERT 操作创建的 INSTEAD OF 触发器，存放在视图 ViewBooks 对应的节点下。在“对象资源管理器”窗口中依次展开“数据库”“BookSale”“视图”“dbo. ViewBooks”“触发器”节点，视图的触发器就存放在该节点下，如图 6-5 所示。

(2)查找触发器 TrAlterDropTable。该触发器是针对数据库范围内的删除和修改表的事件创建的 DDL 触发器，存放在数据库 BookSale 对应的节点下。在“对象资源管理器”窗口中展开“数据库”“BookSale”“可编程性”“数据库触发器”节点，数据库的触发器就存放在该节点下，如图 6-6 所示。

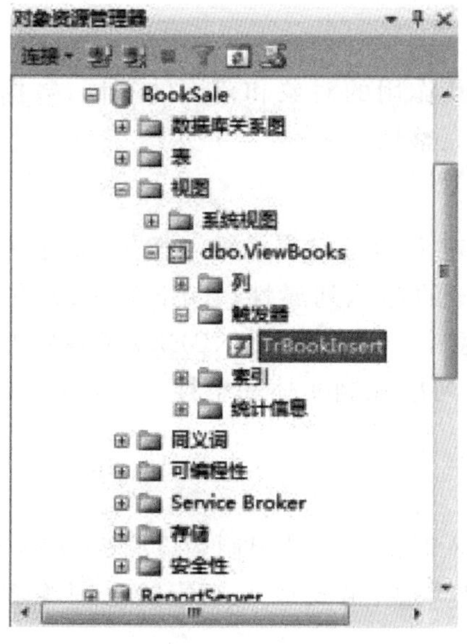

图 6-5 查找视图的触发器

图 6-6 查找数据库的触发器

如果创建了针对服务器范围内的事件的触发器，则可以在当前服务器的“服务器对象”节点下的“触发器”节点中找到相应的触发器。

任务7 约束与索引

数据完整性用于确保存储在数据库中的所有数据都处于正确的状态，是评估数据库设计好坏的一项重要指标。

7.1 数据完整性概述

数据库中的数据是由外界输入的，由于各种原因，数据的输入可能不符合要求，这样可能会造成数据不正确或不一致。强制数据完整性可保证数据库中数据的质量。例如，如果输入了顾客编号(customerID)值为1的顾客，则数据库不允许其他顾客拥有同值的ID；如果评价等级(rating)列的值范围是1～5，则数据库将不接受此范围以外的值；如果表中有一个存储图书类别代号的categoryCode列，则数据库应只允许接受有效的图书类别代号的值。

7.1.1 数据完整性的类型

SQL Server系统提供了数据完整性设计，按照其作用的对象和范围的不同，数据完整性分为实体完整性、域完整性、引用完整性和用户定义完整性。

1. 实体完整性

实体完整性也称为行完整性。实体完整性将行定义为特定表的唯一实体，要求表中不能有重复的行存在。强制实体完整性可以通过设置表的标识列属性(IDENTITY)、主键约束(PRIMARY KEY)、唯一性约束(UNIQUE)、唯一索引(UNIQUE INDEX)等多种方法加以实现。例如，在图书表Books中，bookID(图书编号)列应强制实体完整性，保证bookID列的取值在每个记录中的唯一性。

2. 域完整性

域完整性也称为列完整性。域完整性是指列输入时的有效性限制，它反映了特定域(也就是特定的列)的规则。强制域完整性可以通过限制类型、格式或可能值的范围等方法加以实现。

(1)限制类型：通过指定数据类型实现。例如，订购日期列定义为datetime类型。

(2)限制格式：通过设置检查约束(CHECK)或规则实现。例如，在图书种类表Categories中，categoryCode(图书类别代号)列要求最后两位是数字。

(3) 限制可能值的范围：通过设置检查约束、默认值约束(DEFAULT)、默认或规则实现。

例如，在图书表 Books 中，unitPrice（单价）列要求的取值范围是 0～200；在订单表 Orders 中，shipDate（发货日期）一定在 orderDate（订货日期）之后。

3. 引用完整性

引用完整性也称为参照完整性。引用完整性用于保证相关数据表中数据的一致性，即保证在主键（在被参考表中）和外键之间的关系总能得到维护。强制引用完整性可以通过设置外键约束（FOREIGN KEY）、存储过程及触发器等方法加以实现。例如，图 7-1 所示的图书表 Books 中 categoryCode（图书类别代号）列的取值要参照图书类别表 Categories 中的 categoryCode 列，这就是引用完整性。

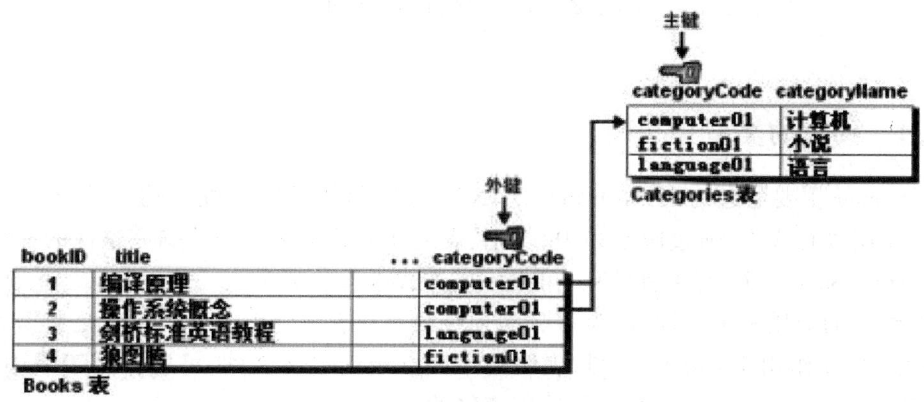

图 7-1 引用完整性

如果被参考表中的一行被一个外键所参考，那么这一行数据便不能直接被删除，用户也不能直接修改主键值。例如，如果图书类别表 Categories 中的 categoryCode（图书类别代号）列中的某个值被图书表 Books 中的 categoryCode 列所参考，那么，图书类别表 Categories 中的 categoryCode 列被引用的值就不能修改，该记录也不能被删除。

4. 用户定义完整性

以上 3 种数据完整性约束能够实现数据库中大部分的数据完整性，但总有一些约束条件是用户不能应用以上数据完整性约束来实现的，因此，用户根据实际应用中的需求而自行定义的数据完整性，称为用户定义完整性。所有完整性类别都支持用户定义完整性。这包括 CREATE TABLE 中所有列级约束和表级约束、存储过程及触发器。例如，在订单表 Orders 中，shipDate（发货日期）不能早于 orderDate（订货日期），因此，可以针对 UPDATE 和 INSERT 操作创建触发器，保证插入或更新的 shipDate 不能小于 orderDate，否则报错并回滚事务。

7.1.2 数据完整性的实现方法

在 SQL Server 中，可用于实现数据完整性的方法共有两类，即声明型数据完整性和过程型数据完整性。

1. 声明型数据完整性

声明型数据完整性作为数据库说明的一部分在数据定义中实现。其实现方法是：在

CREATE TABLE 和 ALTER TABLE 定义中使用表约束或列约束来限制表中的值。使用这种方法实现数据完整性时简单且不容易出错,可以直接将数据完整性的要求定义在表和列上。使用这种方法可以实现数据的实体完整性与引用完整性,部分实现域完整性与用户定义完整性。

2. 过程型数据完整性

过程型数据完整性主要通过默认值、规则和触发器来实现。这一类完整性实现相对来说较复杂,但是具有更大的灵活性。主要用于实现域完整性与用户定义完整性。

7.2 约束的应用

7.2.1 约束的类型

SQL Server 主要通过约束(CONSTRAINT)来控制数据完整性。约束从字面上来看就是限制,它是附加在表上,通过限制列中、行中、表之间的数据来保证数据完整性的一种数据库对象。在 SQL Server 中,有多种约束,可按不同方式进行分类。

(1)按约束的应用范围不同,约束可分为列级约束和表级约束。列级约束是数据表中列定义的一部分,只能作用于表中的一列;表级约束独立于列定义之外,可以作用于表中的多列。当一个约束中必须包含多个列时,必须使用表级约束。

(2)按约束的作用不同,约束可分为主键约束、唯一性约束、检查约束、默认值约束、外键约束和不允许空约束(NOT NULL)。下面主要介绍前五种约束。

1. 主键约束

主键约束通过在表中定义一个主键来唯一确定表中的每一行记录。主键可以定义在单列上,也可以定义在多列上。主键约束强制实体完整性约束。主键约束具有以下特点。

①每个表最多只能定义一个主键约束,外键约束使用它作为维护数据完整性的参考点。

②主键约束所在列不允许输入重复值。如果主键约束由两个或两个以上的列组成,则该组合的取值不重复。

③主键约束中包含的所有列都必须定义为不允许空(NOT NULL)。

④主键约束在指定的列上创建了一个唯一索引,该索引可以是聚集索引,也可以是非聚集索引。在默认的情况下创建的是聚集索引。

主键约束的语法格式如下所示。

```
[CONSTRAINT constraint_name]
PRIMARY KEY[CLUSTERED|NONCLUSTERED][(column[,...n])]
```

(1)创建数据表时添加主键约束。

所有类型的约束都可以在创建数据表时添加,这里以主键约束为例加以说明。在创建数据表时可以将一列或多列的组合设置为主键约束,可由系统提供主键约束名,也可由用户指定主键约束名。

例 7-1 在数据库 BookSale 中创建表 Orders,用于存放订单信息,其中将 orderID 设置为主键。

```
USE BookSale
GO
CREATE TABLE Orders
(orderID int IDENTITY(1,1)PRIMARY KEY,
orderDate datetime2 NOT NULL,
shipDate datetime2,
customerID int
NOT NULL
)
GO
```

在例 7-1 中,创建 Orders 表的同时创建了一个主键约束,这个主键约束是一个列级约束。创建该主键约束的同时还创建了一个唯一聚集索引。由于用户没有指定约束名称,系统将为主键约束命名,通过存储过程 sp_helpconstraint 可以查看主键约束名。

例 7-2　在数据库 BookSale 中创建表 OrderItems,用于存放订单项目信息,该表的主键约束设置在 orderID 和 bookID 两列上。

```
USE BookSale
GO
CREATE TABLE OrderItems
(orderID int NOT NULL,
bookID int NOT NULL,
quantity int NOT NULL,
price decimal(6,2), total
AS price* quantity,
CONSTRAINT PK_OrderItems_orderIDbookID PRIMARY KEY(orderID,bookID)
)
GO
```

例 7-3　在数据库 BookSale 中创建表 Books,用于存放图书的信息,其中将 bookID 设置为主键,约束名为 PK_Books_bookID。

```
USE BookSale
GO
CREATE TABLE Books
(bookID int IDENTITY(1,1)CONSTRAINT PK_Books_bookID PRIMARY KEY, ti-
tle nvarchar(50)NOT NULL,
ISBN nchar(17)NOT NULL,
author nvarchar(50),
unitPrice decimal(6,2),
categoryCode nvarchar(20)
```

```
)
GO
```

(2)修改数据表时添加主键约束。

如果创建数据表时没有指定主键约束,可以在修改数据表时设置主键约束。

例 7-4 在数据库 BookSale 的 Categories 表中,为 categoryCode 列添加主键约束,约束名为 PK_Categories_categoryCode。

```
USE BookSale
GO
ALTER TABLE Categories
ADD CONSTRAINT PK_Categories_categoryCode PRIMARY KEY
(categoryCode)
GO
```

执行该命令后会发现结果出错,原因是图书类别表 Categories 中图书类别代号 categoryCode 列的数据违反了实体完整性。将表中“信息”类和“语言”类的 categoryCode 列设置为不重复的值,则上述命令执行正确。

(3)删除主键约束。

一个表中只允许有一个主键约束,可以修改或删除该约束。例如,要将其他列或列组合设为主键约束,必须先删除现有的主键约束,然后再重新定义。

例 7-5 在数据库 BookSale 的 OrderItems 表中,删除现有的主键约束。在数据库 BookSale 中已存在的表 Orders 中,删除现有的主键约束。

```
USE BookSale
GO
ALTER TABLE OrderItems
DROP CONSTRAINT
PK_OrderItems_orderIDbookID
GO
ALTER TABLE Orders
DROP CONSTRAINT
PK_Orders_0809337D535EE811
GO
```

要想删除约束,必须已知约束名。OrderItems 表中的主键约束名是由用户指定的,而 Orders 表中的主键约束名是由系统指定的,所以应先由存储过程 sp_helpconstraint 查看约束名。

2. 唯一性约束

唯一性约束定义表中的某一列或多列的组合不能有相同的两行或多行数据存在。该约束通过唯一索引来强制实体完整性。

当在一个已经存放了数据的表上增加唯一性约束时,SQL Server 会自动对表中的数据进行检查,以确保这些数据能够满足唯一性约束的要求,即除 NULL 外,所有数据的值必须唯

一，否则 SQL Server 会返回错误信息，并拒绝执行增加约束的操作。

唯一性约束具有以下特点。

①每个表可以定义多个唯一性约束。

②唯一性约束所在列不允许输入重复值。如果唯一性约束由两个或两个以上的列组成，则该组合的取值不重复。

③唯一性约束所在列允许取空值。

④唯一性约束所在列不能是主键约束所在列。

⑤唯一性约束在指定的列上创建了一个唯一索引，该索引可以是聚集索引，也可以是非聚集索引。在默认的情况下创建的是非聚集索引。

主键约束和唯一性约束的相同点是：两种约束的关键字是不允许重复的，两种约束都是通过创建唯一索引保证实体完整性的。

主键约束和唯一性约束的不同点是：主键约束的关键列不允许取空值，而唯一性约束的关键列允许取空值；一个表只允许建立一个主键约束，而唯一性约束可以建立多个；主键约束默认创建的是唯一聚集索引，唯一性约束默认创建的是唯一非聚集索引。

唯一性约束的语法格式如下所示。

```
[CONSTRAINT constraint_name]
UNIQUE[CLUSTERED|NONCLUSTERED]
(column[,...n])
```

语法说明

①CONSTRAINT 表示定义约束的关键字；constraint_name 是指定的约束名称，如果用户没有提供约束名称，系统将会自动生成一个约束名称。

②UNIQUE 表示定义唯一性约束的关键字。

③创建唯一性约束时系统会自动创建一个唯一索引，该索引默认为非聚集索引，默认参数为 NONCLUSTERED，如需创建聚集索引，则要指定 CLUSTERED。

(1)添加唯一性约束。

可以在创建数据表时添加唯一性约束，也可以在修改表时向表中添加唯一性约束。

例 7-6　在数据库 BookSale 的 Books 表中，为列 ISBN 设置唯一性约束，约束名为 UN_Books_ISBN。

```
USE BookSale
GO
ALTER TABLE Books
ADD CONSTRAINT UN_Books_ISBN UNIQUE
(ISBN)
GO
```

(2)删除唯一性约束。

一个表可以含有多个唯一性约束，对于已存在的唯一性约束，可以将其删除。若要修改唯一性约束，必须首先删除现有的唯一性约束，然后再重新创建。

例 7-7　在数据库 BookSale 的 Books 表中，删除约束名为 UN_Books_ISBN 的唯一性约束。

```
USE BookSale
GO
ALTER TABLE Books
DROP CONSTRAINT
UN_Books_ISBN
GO
```

3. 检查约束

检查约束用于验证用户输入某一列的数据的有效性。该约束通过列中的值来强制域的完整性，它用来指定某列可取值的集合或范围。检查约束具有以下特点。

①每个表可以定义多个检查约束。

②检查约束可以参考本表中的其他列。例如，在订单表 Orders 中，shipDate（发货日期）列可以引用 orderDate（订货日期）列，使得 shipDate 列的值大于等于 orderDate 列的值。

③检查约束不能放在标识列属性的列上或者数据类型为 timestamp 的列上，因为这两种列都是自动插入数据的。

④当向设有检查约束的表中插入记录或更新记录时，该记录中的被约束列的值必须满足检查约束条件，否则无法录入。

(1)添加检查约束。

可以在创建数据表时添加检查约束。

例 7-8 在数据库 BookSale 的 Categories 表中，categoryCode 列的取值是有要求的，该列的取值最后两位必须是数字，约束名为 CK_Categories_categoryCode。

```
USE BookSale
GO
ALTER TABLE Categories
ADD CONSTRAINT CK_Categories_categoryCode CHECK(RIGHT (category-
Code,2)Like'[0-9][0-9]')
GO
```

RIGHT(categoryCode,2)函数表示对 categoryCode 列从右边开始取两位。[0-9]表示数字的取值范围是 0～9。

例 7-9 在数据库 BookSale 的 Comments 表中，rating 列的值只能是 1～5 的整数，约束名为 CK_Comments_rating。

```
USE BookSale
GO
ALTER TABLE Comments
ADD CONSTRAINT CK_Comments_rating CHECK(rating>= 1 and rating<= 5)
GO
```

例 7-10 在数据库 BookSale 的 Orders 表中，shipDate（发货日期）列的数据必须大于或等于 orderDate（订货日期）列的数据，约束名为 CK_Orders_shipDate。

```
USE BookSale
GO
ALTER TABLE Orders
ADD CONSTRAINT CK_Orders_shipDate CHECK(shipDate>= orderDate)
GO
```

(2)删除检查约束。

一个表可以含有多个检查约束,对于已存在的检查约束,可以修改或删除它。若要修改检查约束,必须首先删除现有的检查约束,然后再重新创建。

例 7-11　在数据库 BookSale 的 Categories 表中,删除约束名为 CK_Categories_categoryCode 的检查约束。

```
USE BookSale
GO
ALTER TABLE Categories
DROP CONSTRAINT
CK_Categories_categoryCode
GO
```

4. 默认值约束

默认值约束通过设置默认值来强制域完整性。在表中的某个列上定义了默认值约束后,当插入新的数据行时,如果没有为某一列指定数据,则系统将默认值赋值给该列。默认值约束具有以下特点。

①表中的每个列上只能定义一个默认值约束。

②默认值可以是常量值、函数、NULL 等。

③默认值不能参照其他列或其他表的值。

④不能对数据类型为 timestamp 的列或具有标识列属性的列创建默认值约束。

默认值约束的语法格式如下所示。

```
[CONSTRAINT constraint_name]DEFAULT constant_expression[FOR column]
```

语法说明

①CONSTRAINT 表示定义约束的关键字。constraint_name 是指定的约束名称,如果用户没有提供约束名称,系统将会自动生成一个约束名称。

②DEFAULT 表示定义默认值约束的关键字。

③constant_expression 表示默认值的常量表达式。当向已有的表中添加默认值约束时,使用 FOR column 说明向哪个列中添加默认值。

在设置默认值时,若要输入文本字符串,须用单引号(‘’)将值括起来;若要输入数值,可直接输入数值,无须用引号将值括起来;若要输入对象/函数,可直接输入对象/函数的名称,无须用引号将名称括起来。

(1)添加默认值约束。

可以在创建数据表时添加默认值约束,也可以在修改表时向表中添加默认值约束。

例 7-12　在数据库 BookSale 的 Customers 表中,为 password 列添加一个默认值约束,

默认值设为“12345678”，约束名为 DF_Customers_password。

```
USE BookSale
GO
ALTER TABLE Customers
ADD CONSTRAINT DF_Customers_password DEFAULT'12345678'FOR password
GO
```

例 7-13 在数据库 BookSale 的 Orders 表中，为 OrderDate 列添加一个默认值约束，默认值设为系统当前日期，约束名为 DF_Orders_OrderDate。

```
USE BookSale
GO
ALTER TABLE Orders
ADD CONSTRAINT DF_Orders_OrderDate DEFAULT GETDATE()FOR orderDate
GO
```

(2)删除默认值约束。

一个表可以含有多个默认值约束，对于已存在的默认值约束，可以将其删除。若要修改默认值约束，必须首先删除现有的默认值约束，然后再重新创建。

例 7-14 在数据库 BookSale 的 Orders 表中，删除约束名为 DF_Orders_OrderDate 的默认值约束。

```
USE BookSale
GO
ALTER TABLE Orders
DROP CONSTRAINT
DF_Orders_OrderDate
GO
```

5. 外键约束

外键约束是指用于建立和加强两个表之间的连接的一列或多列，即在某一列或多列的组合上定义外键约束，这些列值参考某个表中的主键约束列或唯一性约束列。该约束强制实施参照完整性。

定义主键约束或唯一性约束的表称为主键表，定义外键约束的表称为外键表，外键表的被约束列的值必须是主键表中的被约束列的值。

外键约束具有以下特点。

①每个表可以定义多个外键约束。

②外键表中被约束的列必须和主键表中被约束的列数量一致、数据类型一致。

③外键约束不能自动创建索引。但为了提高连接查询的性能，应该在外键表中被约束的列上创建索引。

④外键约束的主要目的是控制可以存储在外键表中的数据，但它还可以对主键表中数据进行更改。例如，如果在 Books 表中删除一本书的行，而这本书的 bookID 由 OrderItems 表

中的订单项目使用，则这两个表之间关联的完整性将被破坏，OrderItems 表中被删除的图书的销售订单项目因为与 Books 表中的数据没有连接而变得孤立。外键约束用于防止这种情况发生。

⑤如果主键表中数据的更改使之与外键表中数据的连接失效，则这种更改将无法实现，从而确保了引用数据的完整性。

⑥如果试图删除主键表中的行或更改主键值，而该主键值与另一个表的外键约束中的值相对应，则该操作将失败。

⑦若要成功更改或删除外键约束中的行，必须先在外键表中删除或更改外键数据，这会将外键连接到不同的主键数据。

⑧外键约束和检查约束都可以判断一个列的数据的有效性。但区别在于：检查约束根据逻辑表达式判断数据的有效性，外键约束则根据另一个表（父表）中的数据判断数据的有效性。

外键约束的语法格式如下所示。

```
[CONSTRAINT constraint_name]
FOREIGN KEY(column[,...n])REFERENCES ref_table(ref_col[,...n])
[ON DELETE{NO ACTION|CASCADE|SET NULL|SET DEFAULT}]
[ON UPDATE{NO ACTION|CASCADE|SET NULL|SET DEFAULT}]
```

语法说明

①CONSTRAINT 表示定义约束的关键字。constraint_name 是指定的约束名称，如果用户没有提供约束名称，系统将会自动生成一个约束名称。

②FOREIGN KEY 表示定义外键约束的关键字。

③REFERENCES 用于指定该外键参照哪个父表中的哪个主键列或候选键列。

④ON DELETE 和 ON UPDATE 选项是通过使用级联引用完整性约束，定义当用户试图删除或更新现有外键指向的键时，数据库引擎执行的操作。

a. NO ACTION 是默认选项，表示如果数据库引擎引发错误，将回滚对父表中行的删除或更新操作。

b. CASCADE 表示如果在父表中删除或更新了一行，则将在引用表中删除或更新相应的行，即级联删除或级联更新。如果 timestamp 列是外键或被引用键的一部分，则不能指定 CASCADE。

c. SET NULL 表示如果删除或更新了父表中的相应行，则会将构成外键的所有值设置为 NULL。若要执行此约束，外键列必须允许空值。

d. SET DEFAULT 表示如果删除或更新了父表中对应的行，则组成外键的所有值都将被设置为默认值。若要执行此约束，所有外键列都必须有默认值定义。如果某个列可为空值，并且未设置显式默认值，则将使用 NULL 作为该列的隐式默认值。

e. 可将 NO ACTION、CASCADE、SET NULL 和 SET DEFAULT 在相互存在引用关系的表上进行组合。

(1)添加外键约束。

可以在创建数据表时添加外键约束，也可以在修改表时向表中添加外键约束。

例 7-15　在数据库 BookSale 的 OrderItems 表中，为 orderID 列添加外键约束，该列的取值要参考 Orders 表中的 orderID 列，该约束名为 FK_OrderItems_Orders_orderID。如果删除

或更新了 Orders 表中的一条记录，则 OrderItems 表参考该订单的记录也相应删除或更新。

```
    USE BookSale
    GO
    ALTER TABLE Orders
    ADD CONSTRAINT PK_Orders_orderID PRIMARY KEY
    (orderID) GO
    ALTER TABLE OrderItems
    ADD CONSTRAINT FK_OrderItems_Orders_orderID FOREIGN KEY( orderID )
REFERENCES Orders(orderID)
    ON DELETE
    CASCADE ON
    UPDATE
    CASCADE
    GO
```

(2)删除外键约束。

一个表可以含有多个外键约束，对于已存在的外键约束，可以删除它。若要修改外键约束，必须首先删除现有的外键约束，然后再重新创建。

例 7-16 在数据库 BookSale 的 OrderItems 表中，删除约束名为 FK_OrderItems_Orders_orderID 的外键约束。

```
USE BookSale
GO
ALTER TABLE OrderItems
DROP CONSTRAINT
FK_OrderItems_Orders_orderID
GO
```

当删除某外键约束所参照的主键表中的相关主键约束时，该外键约束将自动被删除。

7.2.2 禁用约束

在表上定义约束以后，就可以通过约束来保证表中数据的完整性。但是在某些特殊的情况下，需要禁止在已有的数据上应用约束或者禁止在加载数据时应用约束。

1. 禁止在已有的数据上应用约束

通常，在一个已有数据的表上定义约束时，SQL Server 系统自动检查这些已有的数据是否满足约束条件。但是，在某些情况下，还可以禁止检查已经存在的数据是否满足约束的要求，就是说这些约束对表中已有的数据不起作用。

当禁止在已有的数据上应用约束时，应该考虑下列规则。

(1)只能禁止检查约束和外键约束应用到表中已有的数据上，其他类型的约束则不能禁止。

(2)当在已有数据的表中增加检查约束或外键约束时,为了禁止这些约束检查已有的数据,应该在 ALTER TABLE 语句的约束定义中使用 WITH NOCHECK 选项。

例 7-17　在数据库 BookSale 的 Books 表中,unitPrice 列的取值范围是 0～200,约束名为 CK_Books_unitPrice,且添加约束时对表中已有的数据不进行检查。

```
USE BookSale
GO
ALTER TABLE
Books WITH
NOCHECK
ADD CONSTRAINT CK_Books_unitPrice CHECK( unitPrice>= 0 and unit-
Price<= 200)
GO
```

即使表中某些已经存在的行的 unitPrice 列的取值范围不是 0～200,该约束也能成功添加。但是添加这个约束后,更新表中 unitPrice 列中的数据时,必须满足约束的限制。

2. 禁止在加载数据时应用约束

对于检查约束和外键约束,可以在加载数据时禁用这些约束,也就是说,在更新表中数据或向表中添加数据时,可以不判断这些数据是否与所定义的检查约束或外键约束冲突。

禁止约束应用到加载的数据上的语法格式如下所示。

```
NOCHECK CONSTRAINT{ALL|ConstraintName}
```

解禁以前禁止的约束,允许将约束应用到加载的数据上的语法格式如下所示。

```
CHECK CONSTRAINT{ALL|ConstraintName}
```

如果使用关键字 ALL,表示这种禁止或允许对该表上所有的检查约束和外键约束都起作用。如果明确指定了约束名称,表示这种禁止或允许只对该指定的约束起作用。

例 7-18　禁止数据库 BookSale 中表 Books 上的检查约束 CK_Books_unitPrice 在加载数据时起作用。

```
USE BookSale
GO
ALTER TABLE
Books WITH
NOCHECK
NOCHECK CONSTRAINT
CK_Books_unitPrice GO
```

禁止该约束后,向表中加载数据时,unitPrice 列的数据值不受限制,直到该约束被解禁。

7.3　索引概述

数据库系统中的索引(index)与图书的目录类似。用户通过图书目录可以快速找到所需

要了解的图书内容,而数据库应用程序可以通过索引快速找到所需要的数据。图书中的目录是内容和相应页码的列表清单。数据库中的索引是表中的关键值和关键值映射到指定数据的存储位置的列表。合理地使用索引能够极大地提高数据的检索速度,改善数据库的性能,因此索引的创建、管理及维护在数据库使用中至关重要。

7.3.1 索引的概念和特点

索引是依赖表建立的,是 SQL Server 在列上建立的一种数据库对象。一个表的存储是由两部分组成的,一部分用来存放表的数据页面,另一部分用来存放索引页面。索引就存放在索引页面上。通常情况下,索引页面相对于数据页面来说小得多。它保存着表中排序的索引列,并且记录了索引列在数据表中的物理存储位置。当进行数据检索时,系统先搜索索引页面,从中找到所需数据的指针,再直接通过指针从数据页面中读取数据。例如,图 7-2 展示的是在图书类别表 Categories 中的 categoryCode 列上创建索引。

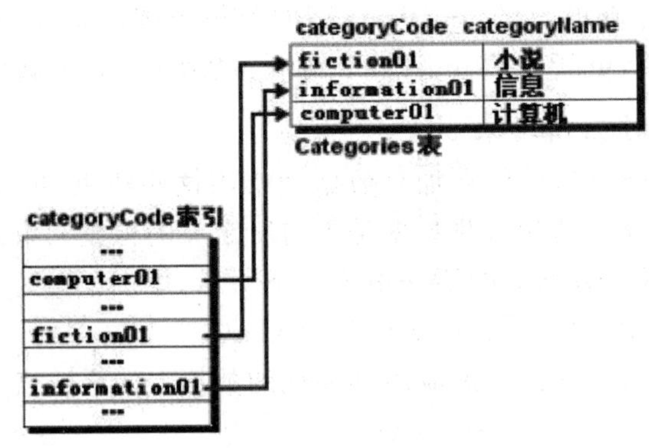

图 7-2 创建索引

如果在某个列上创建索引,那么就称该列为索引列。索引列中的值称为关键字值。

索引可以大大提高系统的性能,在数据库中具有十分重要的意义,具体有以下优点。

①索引可以大大提高数据的检索速度,这是创建索引最主要的原因。

②索引可以加快表与表之间的连接速度,特别是在实现数据的参照完整性方面有特别的意义。例如,在实现数据的参照完整性时,可以将表的外键制作成索引,这样可以使表和表之间的连接速度加快。

③在使用 ORDER BY 或 GROUP BY 子句进行数据检索时,索引可以减少排序和分组的时间。

④唯一索引可以保证每行记录的唯一性,从而确保表数据的实体完整性。

虽然索引具有如此多的优点,但索引的存在也让系统付出了一定的代价,具体表现如下。

①具有索引的表在数据库中占用更多的物理空间,因为除了数据表占用空间之外,索引也需要一定的物理空间。

②创建索引和维护索引需要耗费时间,这种时间会随着数据量的增加而增加。

③建立索引加快了数据检索速度,却减慢了数据更新(插入、修改、删除)速度。因为更新数据的同时,系统要对索引进行动态维护。

如果将一些数据行插入一个行数已满的数据页面上,就必须将这个数据页面中最后的一

些数据行移到下一个页面中去，同时还必须改变索引页中的内容，以保持数据顺序的正确性，这就是对索引的维护。每当用户执行一次数据的插入、删除或更新操作，就要动态维护索引，否则索引的性能就会下降。对建立了索引的表执行修改操作要比对未建立索引的表执行修改操作所花的时间长，因此修改的数据越多，涉及维护索引的开销也就越大。

7.3.2 索引的类型

根据索引键值的物理顺序与数据表行的物理顺序是否相同，可以把索引分为两种形式：聚集索引(clustered index)和非聚集索引(nonclustered index)。

1. 聚集索引

聚集索引是指数据表中数据行的物理顺序和聚集键(即定义聚集索引的列)值顺序完全相同的索引，也可称为群集索引。聚集索引根据表中的一列或多列值的组合对表和视图进行物理排序，所以这种索引对查询非常有效。任何新记录都根据其正确的物理顺序插入聚集索引中。创建一个聚集索引，需要的磁盘空间大约是数据表实际数据量的 1.2 倍，所以使用聚集索引时要考虑磁盘空间。

创建聚集索引的注意事项如下。

①每个表只能有一个聚集索引，聚集索引一旦创建，数据表的数据行将重新排序，这要花费大量的时间和磁盘空间，因此需要明智地进行选择。

②可以在表的任何列或列的组合上建立聚集索引。默认情况下，在定义主键约束的列或列组合上创建聚集索引。

③由于聚集索引改变表中行的物理顺序，所以应先创建聚集索引，后创建非聚集索引。

④创建聚集索引时会重新生成表中现有的非聚集索引。

2. 非聚集索引

非聚集索引是指数据表中数据行的物理顺序和索引的键值顺序不相同的索引，即表的数据并不是按照索引列排序的。创建非聚集索引实际上是创建了一个表的逻辑顺序的对象，即索引表。索引表和数据表分开存储。索引表仅包含指向数据页上的行的指针，这些指针本身是有序的，用于在表中快速定位数据。而数据表中的数据是无序的。

创建非聚集索引的注意事项如下。

①因为非聚集索引并不影响表中数据的物理顺序，因此每个表可以有多个非聚集索引。但索引维护比较耗费资源，所以非聚集索引不是越多越好。

②一张表最多可以建立 250 个非聚集索引，或者 249 个非聚集索引和 1 个聚集索引。

③创建索引时，默认为非聚集索引。

另外，SQL Server 还提供了以下几种类型的索引。

①唯一索引：确保索引键不包含重复的值，因此表或视图中的每一行在某种程序上是唯一的。聚集索引和非聚集索引这两种类型的索引都可以被指定为唯一索引。例如，如果在表中的"姓名"字段上创建了唯一索引，则以后输入的姓名将不能相同。

②列存储索引：这是 SQL Server 2012 独有的功能，该索引是为数据仓库查询设计的只读索引。列存储索引中，使用了一项名为 Vertipaq 的压缩引擎技术，数据以扁平化的压缩形式被存储，极大地减少了 IO(Input/Output，输入输出)和内存的使用。

③包含列的索引：一种非聚集索引，它扩展后不仅包含键列，还包含非键列。将非键列添加到索引中要使用更多的空间来存储索引，这样可以提高选择操作的性能，因为查询优化器可以在索引中找到需要的所有列数据，而不用访问表或聚集索引。但是，拥有太多的包含列会增加对基础表或索引视图执行插入、更新或删除等操作所需的时间，因为这增加了索引维护的工作量。当索引包含查询引用的所有列时，它通常被称为“覆盖查询”。

④计算列上的索引：从一个或多个其他列的值或某些确定的输入值派生的列上的索引。

⑤筛选索引：一种经过优化的非聚集索引，尤其适用于涵盖从定义完善的数据子集中选择数据的查询。筛选索引使用筛选谓词对表中的部分行进行索引查询。与全表索引相比，设计良好的筛选索引可以提高查询性能、减少索引维护开销并可降低索引存储开销。

⑥空间索引：是一种扩展索引，允许用户对空间列（包含空间数据类型如 geometry 或 geography 的数据的表列）编制索引。空间索引可减少需要应用开销相对较大的空间操作的对象数。

⑦全文索引：是一种特殊类型的基于标记的功能性索引，由 SQL Server 全文引擎服务创建和维护，用于帮助在字符串数据中搜索复杂的词。

⑧XML 索引：是在 XML 数据类型列设置的索引。XML 实例作为二进制大型对象存储在 XML 类型列中。这些 XML 实例可以很大，并且存储的 XML 数据类型实例的二进制表示形式最大可以为 2 GB。如果没有索引，运行时将拆分这些二进制大型对象以计算非常耗时的查询。

7.3.3 数据的访问方式

从广义上讲，SQL Server 检索所需数据的方法只有两种：使用表扫描和使用索引查找。SQL Server 使用何种方法来执行特定查询取决于可用的索引、所需的列、使用的连接及表的大小。

1. 使用表扫描

在没有建立索引的表中，系统采用表扫描方式检索数据。表扫描方式是指系统从该表的表头所在的数据页开始，从前向后依次扫描该表的全部数据页，将符合查询条件的记录挑选出来，直至扫描完表中的全部记录。

采用表扫描方式，系统耗费的检索时间同数据量成正比。一般来说，当从相对较小的表中检索数据时，表扫描的方法非常好用。

2. 使用索引

在查询优化过程中，优化器查看所有可用的索引并选择最好的一个索引（这主要基于在连接和 WHERE 子句中所指定的信息，以及 SQL Server 在索引结构中保存的统计信息）。一旦选择了索引，SQL Server 将在索引文件中导航至与条件匹配的数据位置，并且只提取它所需要的记录。因为数据是排序的，所以查询引擎知道它何时到达正在查找的当前范围的下界，然后结束查询，或者根据需要移至下一数据范围。采用索引查找方式，可以加快系统的访问速度，减少访问时间。

7.3.4 索引的创建

1. 建立索引的原则

数据表不一定要创建索引，索引的合理使用能够提高整个数据库的性能。相反，不适宜的索引也会降低系统的性能。因此，在创建索引时，对于哪些列适合创建索引，哪些列不适合创建索引，需要进行一番判断考察，具体有以下几点原则。

(1)考虑建立索引的列。

①定义有主键的数据列一定要建立索引，且应建立聚集索引。因为这样主键可以加速定位到表中的某一行。

②定义有外键的数据列一定要建立索引。外键列通常用于表与表之间的连接，在其上创建索引可以加快表间的连接。

③对于经常查询的数据列最好建立索引。包括需要在指定范围内快速或频繁查询的数据列和经常用在 WHERE 子句中的数据列。

(2)不考虑建立索引的列。

建立索引会产生一定的存储开销，维护索引也要花费时间和空间，因此没有必要对表中的所有列建立索引。是否创建索引以及在哪些列上建立索引，要看建立索引和维护索引的代价与因建立索引所节省的时间相比哪个更合算。一般来说，下列情况不考虑建立索引。

①很少或从来不在查询中引用的列，因为系统很少或从来不根据这个列的值去查找数据行，有无索引并不能提高查询的速度，相反增加了系统维护时间并消耗了系统空间。

②只有两个或很少几个值的列。例如，性别字段只有两个值“男”或“女”，这样的列创建索引并不能显著提高查询的速度。

③定义为 text、image 和 bit 数据类型的列，因为这些数据类型的数据列的数据量要么很大，要么很小，不利于使用索引。

④数据行数很少的表一般也没有必要创建索引，因为对这类表进行全表扫描花费的时间，可能比索引查找花费的时间更少。

2. 索引的创建方式

在 SQL Server 中，系统提供两种方式创建索引：直接方式和间接方式。直接方式是指使用命令或工具直接创建索引。间接方式是通过创建其他对象而附加创建索引。例如，系统为了维护数据完整性，创建了主键约束或唯一性约束，创建约束的同时系统将自动创建索引。

通过 CREATE INDEX 命令创建索引，该命令的语法格式如下所示。

```
CREATE[UNIQUE][CLUSTERED|NONCLUSTERED]INDEX index_name
ON{table_name|view_name}(column[ASC|DESC][,...n])
INCLUDE(column[,...n][WHERE 〈 condition 〉 ]) [WITH(〈index_option〉[,...
n])][ON filegroup_name]
〈index_option〉::=
{ PAD_INDEX= {ON|OFF}
|FILLFACTOR= fillfactor
|SORT_IN_TEMPDB= {ON|OFF}
```

```
|IGNORE_DUP_KEY= {ON|OFF}
|STATISTICS_NORECOMPUTE= {ON|OFF}
|DROP_EXISTING= {ON|OFF}
|ONLINE= {ON|OFF}
|ALLOW_ROW_LOCKS= {ON|OFF}
|ALLOW_PAGE_LOCKS= {ON|OFF}
|DATA_COMPRESSION= {NONE|ROW|PAGE}
}
```

语法说明

(1)UNIQUE 是为表或视图创建唯一索引。

(2)CLUSTERED 是为表或视图创建聚集索引。NONCLUSTERED 是为表或视图创建非聚集索引。

(3)index_name 是索引名称。

(4)table_name 是索引所在的表名称。view_name 是索引所在的视图名称。注意,只有使用 SCHEMABINDING 定义的视图才能在视图上创建索引,且只有在视图上创建了唯一聚集索引之后,才能在视图上创建非聚集索引。

(5)column 是应用索引的列,可以是一列或多列,若指定多个列名,则为指定列的组合值创建组合索引。

(6)ASC|DESC 表示确定具体某个索引列排序方向是升序还是降序,默认设置为 ASC。

(7)INCLUDE(column[,... n])表示创建带有包含列的索引,指定要添加到非聚集索引的非键列。在 INCLUDE 列表中列名不能重复,且不能同时用于键列和非键列。当包含列时,将增加索引页的大小。这意味着每页中的行数将更少,因此需要更多的 IO 来查看相同数量的行。结果是,加快一个查询的同时可能减慢了其他的查询。

(8)WHERE〈condition〉表示通过指定索引中要包含哪些行来创建筛选索引。相关的语法与 SELECT 语句中熟悉的 WHERE 子句的语法相同,但是带有一些限制。

(9)index_option 表示索引属性。

①PAD_INDEX={ON|OFF}指定索引填充,默认值为 OFF。PAD_INDEX 选项只有在指定了 FILLFACTOR 时才有用,因为 PAD_INDEX 使用由 FILLFACTOR 所指定的百分比。ON 表示 FILLFACTOR 指定的可用空间百分比应用于索引的中间级页。OFF 表示将中间级页填充到接近其容量的程度,以留出足够的空间,使之至少能够容纳索引的最大的一行。

②FILLFACTOR=fillfactor 表示填充因子,它指定在创建索引的过程中,各索引页的填满程度,即数据占索引页大小的百分比。FILLFACTOR 的值的范围为 1~100。如果没有指定值,默认值为 0(等效于 100),即填满索引页。对于填充因子的值,并没有一个公式或者理念可以准确地设置。使用填充因子虽然可以减少更新或者插入时的分页,但同时因为需要更多的页,所以降低了查询的性能,从而占用了更多的磁盘空间。如何设置这个值,要根据对于表的读写比例来确定,这里给出比较合适的值:当读写比例大于 100∶1 时,不设置填充因子,默认 100%填充;当写的次数大于读的次数时,设置 50%~70%填充;当读写比例相同时,设置 80%~90%填充。

③SORT_IN_TEMPDB＝{ON|OFF}指定是否在 tempdb 中存储临时排序结果，默认值为 OFF。

④IGNORE_DUP_KEY＝{ON|OFF}指定对唯一聚集索引或唯一非聚集索引执行多行插入操作时出现重复键值的错误响应，默认值为 OFF。ON 表示发出一条警告信息，且只有违反了唯一索引的行才会失败。OFF 表示发出错误消息，并回滚整个 INSERT 事务。

⑤STATISTICS_NORECOMPUTE＝{ON|OFF}指定是否重新计算分发统计信息，默认值为 OFF。ON 表示不会自动重新计算过时的统计信息。OFF 表示已启用统计信息自动更新功能。

⑥DROP_EXISTING＝{ON|OFF}指定应删除并重新生成已命名的先前存在的聚集、非聚集索引或 XML 索引，默认值为 OFF。ON 表示删除并重新生成现有索引。OFF 表示如果指定的索引名已存在，则会显示一条错误。

⑦ONLINE＝{ON|OFF}指定在索引操作期间基础表和关联的索引是否可用于查询和数据修改操作，默认为 OFF。该选项只有 SQL Server 企业版才能支持。

⑧ALLOW_ROW_LOCKS＝{ON|OFF}指定是否允许行锁，默认值为 ON。

⑨ALLOW_PAGE_LOCKS＝{ON|OFF}指定是否允许使用页锁，默认值为 ON。

⑩DATA_COMPRESSION＝{NONE|ROW|PAGE}表示压缩数据。从 2008 版开始，SQL Server 支持在表或索引中压缩数据。虽然压缩详情被隐藏，但其效果是在磁盘上更少的空间内存储数据，而系统开销是压缩和解压缩数据所需的 CPU 周期。压缩选项可为不压缩、按照行(ROW) 压缩、按照页(PAGE)压缩，默认为 NONE。该选项只有 SQL Server 企业版才能支持。

(10)ON filegroup_name 表示为指定文件组创建指定索引。

例 7-19　在数据库 BookSale 的 OrderItems 表中，为 bookID 列创建聚集索引，索引名为 IX_OrderItems_bookid，该索引按 bookID 列降序排列。

```
USE BookSale
GO
CREATE CLUSTERED INDEX
IX_OrderItems_bookid ON OrderItems(bookID
DESC)
GO
```

例 7-20　在数据库 BookSale 的 OrderItems 表中，为 orderID 和 bookID 两列的组合创建聚集索引，索引名为 IX_OrderItems_bookid。

```
USE BookSale
GO
CREATE CLUSTERED INDEX
IX_OrderItems_bookid ON OrderItems(orderID,
bookID) WITH(DROP_EXISTING= ON)
GO
```

表 OrderItems 中已经存在名为 IX_OrderItems_bookid 的索引(例 7-19 中创建),则此例使用 DROP_EXISTING=ON 子句在创建索引的同时删除已经存在的同名索引。

例 7-21 在数据库 BookSale 的 Books 表中,为 ISBN 列创建唯一的非聚集索引,索引名为 IX_Books_ISBN。如果输入重复键值,将忽略该插入或更新语句,且不重新计算统计信息。

```
USE BookSale
GO
CREATE UNIQUE NONCLUSTERED INDEX IX_Books_ISBN
ON Books(ISBN)
WITH IGNORE_DUP_KEY,
STATISTICS_NORECOMPUTE
GO
```

表 Books 中已经创建主键约束,则系统自动创建了一个聚集索引。由于一个表只能有一个聚集索引,所以此例创建的索引只能是非聚集索引。

7.3.5 索引的管理

创建完索引后,可以对索引进行管理操作,如查看索引信息、删除索引等。

1. 查看索引信息

查看索引信息的命令是 sp_helpindex,语法格式如下所示。

```
sp_helpindex[@objname= ]'object_name'
```

语法说明

[@objname=]'object_name'是指索引所在的数据表或者视图名称。

例 7-22 查看数据库 BookSale 中 Orders 表的索引信息。

```
USE BookSale
GO
EXEC sp_helpindex Orders
GO
```

运行结果如图 7-3 所示。

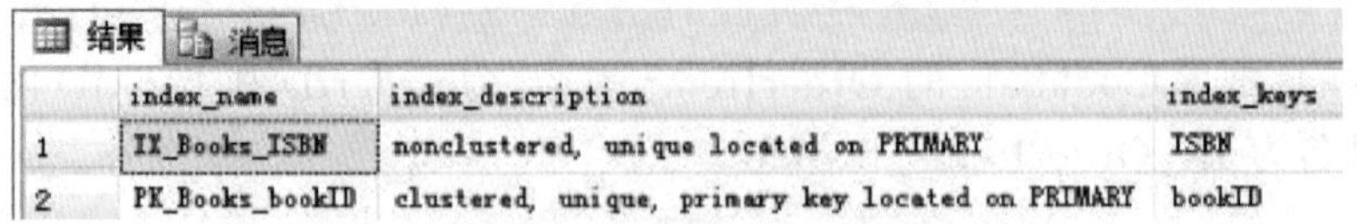

	index_name	index_description	index_keys
1	IX_Books_ISBN	nonclustered, unique located on PRIMARY	ISBN
2	PK_Books_bookID	clustered, unique, primary key located on PRIMARY	bookID

图 7-3 查看 Orders 表的索引信息

执行的结果包括 3 列:index_name 表示索引的名称;index_description 为索引说明,其中包括索引所在的文件组;index_keys 列出了索引列。

2. 删除索引

在数据库调优过程中,可能会发现某些索引从未被使用,或极少被使用。为了提高数据库性能,需要将这些索引删除。删除索引可以释放索引所占用的存储空间,释放的存储空间可以

供其他数据库对象使用。

用 DROP INDEX 命令删除索引，该命令的语法格式如下所示。

DROP INDEX〈table_name〉.〈index_name〉

语法说明

(1)table_name 表示索引所在的表名称；

(2)index_name 表示要删除的索引的名称。

例 7-23 删除数据库 BookSale 的 Books 表的索引文件 IX_Books_ISBN 和 OrderItems 表的索引文件 IX_OrderItems_bookid。

```
USE BookSale
GO
DROP INDEX Books.IX_Books_ISBN,OrderItems.IX_OrderItems_bookid
GO
```

例 7-24 查看数据库 BookSale 的 Books 表的索引文件信息，然后删除创建主键约束时自动创建的索引。

```
USE BookSale
GO
EXEC sp_helpindexBooks
GO
DROP INDEX
Books.PK_Books_bookID
GO
```

运行结果如图 7-4 所示。

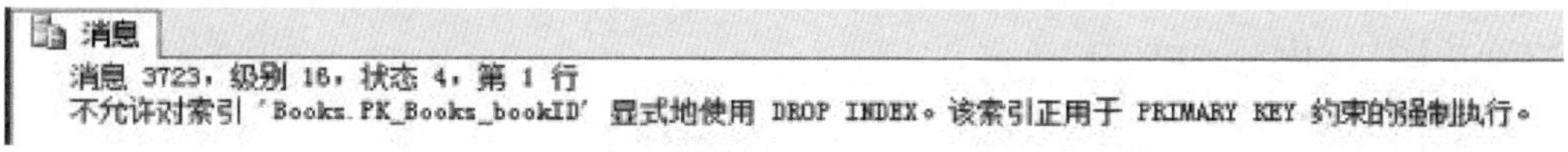

消息
消息 3723，级别 16，状态 4，第 1 行
不允许对索引 'Books.PK_Books_bookID' 显式地使用 DROP INDEX。该索引正用于 PRIMARY KEY 约束的强制执行。

图 7-4　查看索引文件信息后删除自动创建的索引

DROP INDEX 命令中指出的索引文件名是通过存储过程 sp_helpindex 命令查出来的。该索引删除失败，因为该索引是创建主键约束时系统自动创建的索引。

如果需要修改索引的组成，那么需要先删除索引，然后再创建索引，或者用 DROP_EXISTING＝ON 选项创建并使用索引。

在用 DROP INDEX 命令删除索引时，需要注意如下事项。

(1)不能用 DROP INDEX 语句删除由 PRIMARY KEY 约束或 UNIQUE 约束创建的索引。要删除这些索引必须先删除 PRIMARY KEY 约束或 UNIQUE 约束。

(2)删除表时，该表的索引也全部被删除。

(3)在删除聚集索引时，表中的所有非聚集索引都将被重建。

(4)不能对系统表使用 DROP INDEX 命令。

7.3.6 索引的维护

虽然索引在读取数据方面可以提高性能，但是每次对数据进行修改时，所有与该数据相关的索引都需要更新。创建索引意味着创建了一组必须更新的条目。对数据进行频繁的更新后，就会产生大量碎片，数据变得杂乱无序，从而造成索引性能的下降。

为了提高系统的性能，必须对索引进行维护。这些维护包括重新生成索引、禁用索引、重新组织索引、查看碎片信息、维护统计信息、分析索引性能等。

1. 重新生成索引、禁用索引、重新组织索引

重新生成索引(REBUILD)将会删除并重新创建索引，它将根据指定的或现有的填充因子设置压缩页来删除碎片、回收磁盘空间，然后对连续页中的索引行重新排序。结果是真正优化的索引。一旦开始重新生成索引，在完成索引重建之前，正在使用的索引实际就不存在了。依赖该索引的所有查询可能会变得异常缓慢，查询性能可能会下降几个数量级。

禁用索引(DISABLE)可防止用户访问该索引，对于聚集索引，还可防止用户访问基本表数据。索引定义保留在系统目录中。一旦禁用了某个索引，在重新激活之前，必须重新生成索引。

重新组织索引(REORGANIZE)可重新构造这些索引且在此过程中使索引保持联机状态，即用户仍能使用索引。该方法虽然没有完全优化索引，但在重新组织索引时，索引仍然能被使用，这种方法对用户的影响非常小，比较适用。

用 ALTER INDEX 命令可进行以上三种操作，该命令的语法格式如下所示。

```
ALTER INDEX{index_name|ALL} ON
〈object〉
{REBUILD[WITH(〈rebuild_index_option〉[,...n])]
|DISABLE
|REORGANIZE}
〈rebuild_index_option〉::=
{ PAD_INDEX= {ON|OFF}
|FILLFACTOR= fillfactor
|SORT_IN_TEMPDB= {ON|OFF}
|IGNORE_DUP_KEY= {ON|OFF}
|STATISTICS_NORECOMPUTE= {ON|OFF}
|ONLINE= {ON|OFF}
|ALLOW_ROW_LOCKS= {ON|OFF}
|ALLOW_PAGE_LOCKS= {ON|OFF}
|DATA_COMPRESSION= {NONE|ROW|PAGE}
}
```

语法说明

(1)index_name 指定索引的名称。

(2)ALL 指定与表或视图相关联的所有索引，而不考虑索引类型。

(3)REBUILD[WITH(〈rebuild_index_option〉[,... n])]指定将使用相同的列、索引类

型、唯一性属性和排序顺序重新生成索引；也可用于启用已禁用的索引。

(4)DISABLE 表示将索引标记为已禁用，从而不能被数据库引擎使用。任何索引均可被禁用。禁用聚集索引将阻止用户访问基础表数据。

(5)REORGANIZE 是指重新组织索引。不能为已禁用的索引或 ALLOW_PAGE_LOCKS 设置为 OFF 的索引指定 REORGANIZE。

例 7-25　将数据库 BookSale 的 Orders 表的所有索引文件重新生成，这些索引的填充因子为 60%，不会自动重新计算过时的统计信息，且在 tempdb 中存储临时排序结果。

```
USE BookSale
GO
ALTER INDEX ALL ON Orders
REBUILD WITH(FILLFACTOR= 60,
SORT_IN_TEMPDB= ON,
STATISTICS_NORECOMPUTE= ON)
GO
```

例 7-26　将数据库 BookSale 的 Books 表的索引文件 PK_Books_bookID 禁用。

```
USE BookSale
GO
ALTER INDEX PK_Books_bookID ON
Books DISABLE
GO
```

例 7-27　将数据库 BookSale 的 Books 表的索引文件 PK_Books_bookID 重新启用。

```
USE BookSale
GO
ALTER INDEX PK_Books_bookID ON
Books REBUILD
GO
```

2. 查看碎片信息

当数据库增长而执行页拆分，然后最终删除数据时，就会产生碎片。首先，碎片会浪费空间；其次，散布在各处的记录会造成数据检索时的额外系统开销，从而造成数据查询性能的降低。此时，用户需要了解碎片的相关信息，以确定该索引页是否已经严重不连续，从而确定是否需要对碎片进行整理。

用 DBCC SHOWCONTIG 命令可以查看碎片信息，该命令的语法格式如下所示。

```
DBCC SHOWCONTIG
[({'table_name'|table_id|'view_name'|view_id} [,'index_name'|index_id]
)]
```

3. 索引性能分析

在建立索引后，应该根据应用系统的需要，也就是实际可能出现哪些数据检索，来对查询进行分析，以判定其是否能提高 SQL Server 的数据检索速度。建立索引的目的是提高 SQL Server 数据检索的速度，如果利用索引查询的速度不如扫描表的速度，SQL Server 就会采用扫描表而不是通过索引的方法来检索数据。

SQL Server 用 SHOWPLAN 语句和 STATISTICS IO 语句分析索引性能。

(1)SHOWPLAN 语句。

SHOWPLAN 语句用来显示查询语句的执行信息，包含查询过程中连接表时所采取的每个步骤及选择哪个索引，从而帮助用户分析有哪些索引被系统采用。

使用 SHOWPLAN 语句可以查看指定查询的查询规划，该命令的语法格式如下所示。

```
SET SHOWPLAN_ALL{ON|OFF}
```

如果 SET SHOWPLAN_ALL 为 ON，则 SQL Server 将返回有关语句的执行情况的详细信息并估计语句对资源的需求，但该 Transact-SQL 语句不会被执行。在将此选项设置为 ON 后，将始终返回有关所有后续 Transact-SQL 语句的信息，直到将该选项设置为 OFF 为止。

如果 SET SHOWPLAN_ALL 为 OFF，则 SQL Server 将执行语句，但不生成报表。

例 7-28 在数据库 BookSale 的 Books 表中进行相关查询，显示执行信息，用以分析索引被采用情况。

```
USE BookSale
GO
SET SHOWPLAN_ALL ON
GO
SELECT *  FROM Books
SELECT *  FROM Books WHERE bookID= 1
GO
SET SHOWPLAN_ALLOFF
GO
```

例 7-29 在数据库 BookSale 的 Customers 表中进行相关查询，显示执行信息，用以分析索引被采用的情况。

```
USE BookSale
GO
CREATE INDEX IX_Customers_CustomersID ON Customers(customerID)
GO
SET SHOWPLAN_ALL ON
GO
SELECT *  FROM Customers WHERE customerID= 1
GO
SET SHOWPLAN_ALL OFF
GO
```

运行结果如图 7-5 所示。

Customers 表不存在聚集索引，在查询时新建的非聚集索引是否会被使用，由图 7-5 结果

	StmtText	StmtId	NodeId	Parent	PhysicalOp	LogicalOp
1	SELECT * FROM Customers WHERE CustomerID=1	1	1	0	NULL	NULL
2	|--Table Scan(OBJECT:([BookSale].[dbo].[Customers]).. .	1	2	1	Table Scan	Table Scan

图 7-5　使用 SHOWPLAN 进行索引性能分析(使用表扫描)

可知。图 7-5 中的 PhysicalOP 列的结果为 Table Scan,表示使用表扫描,而不是刚创建的索引,这是因为索引 IX_Customers_CustomersID 的关键字正是查询中 WHERE 条件所需要的关键字段,理论上系统应该自动采用该索引,但由于表中的记录数目过少,使用表扫描的 IO 比使用索引查找所需的 IO 还要少,系统经过分析采用了 IO 最少的方式。

(2)STATISTICS IO 语句。

数据检索语句所花费的磁盘活动量也是用户比较关心的性能之一。通过设置 STATISTICS IO 选项,可以使 SQL Server 显示磁盘 IO 信息,即执行数据检索语句所花费的磁盘活动量信息。该命令的语法格式如下所示。

```
SET STATISTICS IO{ON|OFF}
```

如果将此选项设置为 ON,则所有后续的 Transact-SQL 语句将返回统计信息,直到将该选项设置为 OFF。

例 7-30　在数据库 BookSale 的 Customers 表中进行相关查询，并显示查询处理过程中的磁盘活动统计信息。

```
USE BookSale
GO
SET STATISTICS IO ON
GO
SELECT *  FROM Customers
GO
SET STATISTICS IO OFF
GO
```

运行结果如图 7-6 所示。

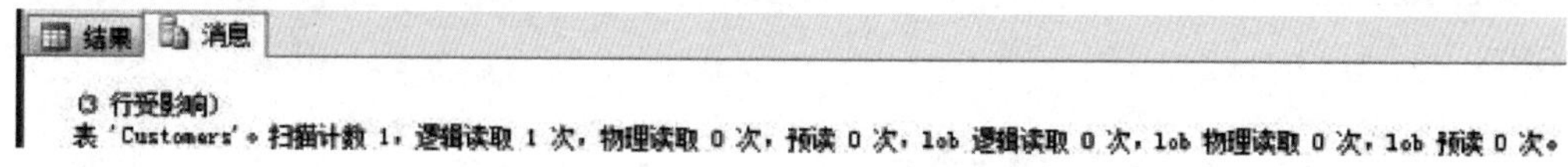

图 7-6　使用 STATISTICS IO 进行索引性能分析

统计信息的四个值分别为:扫描计数,为执行的扫描次数;逻辑读取,为从数据缓存读取的页数;物理读取,为从磁盘读取的页数;预读,为进行查询而放入缓存的页数。如果一个 SQL 查询有多种写法，那么这四个值中的逻辑读(logical reads)决定了哪个是最优化的。

例 7-31　关于碎片的综合实例。

```
USE BookSale
GO
```

(1)创建聚集索引。

```
CREATE CLUSTERED INDEX IX_FragmentTest_col1 ON FragmentTest(col1)
GO
```

(2)插入 8 条记录。

```
DECLARE@var INT
SET@var= 100
WHILE(@var<900)
BEGIN
INSERT INTO FragmentTest(col1,col2,col3)
VALUES
(@var,'xxx','')
SET@var= @var+ 100
END
GO
```

(3)查看碎片信息,结果如图 7-7 所示。

```
DBCC SHOWCONTIG(FragmentTest,IX_FragmentTest_col1) GO
```

```
消息
DBCC SHOWCONTIG 正在扫描 'FragmentTest' 表...
表: 'FragmentTest' (917578307); 索引 ID: 1, 数据库 ID: 5
已执行 TABLE 级别的扫描。
- 扫描页数.................................: 1
- 扫描区数...............................: 1
- 区切换次数...............................: 0
- 每个区的平均页数.........................: 1.0
- 扫描密度 [最佳计数:实际计数].......: 100.00% [1:1]
- 逻辑扫描碎片 ..................: 0.00%
- 区扫描碎片 ..................: 0.00%
- 每页的平均可用字节数.....................: 0.0
- 平均页密度(满)...................: 100.00%
DBCC 执行完毕。如果 DBCC 输出了错误信息，请与系统管理员联系。
```

图 7-7　查看碎片信息

(4)向聚集索引中插入记录,以产生碎片。

```
DECLARE@var INT
SET@var= 110
WHILE(@var<900)
BEGIN
INSERT INTO FragmentTest(col1,col2,col3)VALUES
(@var,'xxx','')
SET@var= @var+ 50
END
GO
```

(5)第二次查看碎片信息,结果如图 7-8 所示。

```
DBCC SHOWCONTIG(FragmentTest,IX_FragmentTest_col1) GO
```

```
消息
DBCC SHOWCONTIG 正在扫描 'FragmentTest' 表...
表: 'FragmentTest' (1237579447); 索引 ID: 1, 数据库 ID: 5
已执行 TABLE 级别的扫描。
- 扫描页数.................................: 5     ⇦ 原来扫描1页，现在扫描5页
- 扫描区数...............................: 2
- 区切换次数...............................: 1
- 每个区的平均页数.........................: 2.5
- 扫描密度 [最佳计数:实际计数].......: 50.00% [1:2]
- 逻辑扫描碎片 ..................: 80.00%         ⇦ 原碎片为0，现在碎片达到了80%
- 区扫描碎片 ..................: 50.00%
- 每页的平均可用字节数......................: 3238.4
- 平均页密度(满)........................: 59.99%  ⇦ 由于插入造成的分页，使页的填充度由原
DBCC 执行完毕。如果 DBCC 输出了错误信息，请与系统管理员联系。      来的100，降至59.99%
```

图 7-8　查看碎片信息

7.4　实训指导

1. 创建主键约束

表 OrderItems 用于存放图书订单项目信息，该表的主键约束设置在 orderID 和 bookID 两列上。

(1)在“对象资源管理器”窗口中依次展开“数据库”“BookSale”“表”节点，右击其中的“dbo. OrderItems”节点，在弹出的快捷菜单中选择“设计”命令。

(2)在“表设计器”中选择列 orderID，单击“表设计器”工具栏中的“设置主键”命令按钮或者右击鼠标，选择“设置主键”命令，则在该列的前面出现一个金色的钥匙图标，表示该列是表的主键。

(3)由于该表的主键设在两列上，所以继续设置。右击列 orderID，在弹出的快捷菜单中选择“索引/键”命令，在“索引/键”对话框中可以查看约束名称及约束的列，单击“常规”中的“列”右侧的“...”按钮，在弹出的“索引列”对话框中，添加列 bookID。单击“确定”按钮关闭“索引列”对话框，返回“索引/键”对话框，在“列”中显示两个字段，说明这两列的组合是表的主键。单击“标识”中的“名称”右侧的文本框，其中显示了约束名称，该约束名可以更改。在左侧列表中选择某约束，单击“删除”按钮，可将指定约束删除。单击“关闭”按钮。

(4)单击“文件”菜单中的“保存 OrderItems”命令或单击“标准”工具栏上的“保存 OrderItems”按钮，保存在数据表 OrderItems 上所做的修改。

2. 创建唯一性约束

表 Books 用于存放图书的信息，该表的 ISBN 列的取值不能重复，因此可为该列添加唯一性约束。

(1)在“对象资源管理器”窗口中依次展开“数据库”“BookSale”“表”节点，右击其中的“dbo. Books”节点，在弹出的快捷菜单中选择“设计”命令。

(2)在“表设计器”中选择某列，然后右击该列，在弹出的快捷菜单中选择“索引/键”命令，在弹出的“索引/键”对话框中，单击“添加”按钮，在左侧列表添加一项约束，对该项进行设置，在“常规”中的“类型”下拉列表框中选择唯一键，表示添加的是唯一性约束。单击“常规”中的“列”右侧的“...”按钮，弹出“索引列”对话框，在“列名”下拉列表中选择列 ISBN，单击“确定”

按钮，返回“索引/键”对话框。单击“标识”中的“名称”右侧的文本框，可以修改约束名称。在左侧列表中选择某约束，单击“删除”按钮，可将指定约束删除。单击“关闭”按钮。

(3)单击“文件”菜单中的“保存 Books”命令或单击“标准”工具栏上的“保存 Books”按钮，保存数据表 Books。

3. 创建检查约束

表 Categories 用于存放图书的类别信息，该表的 categoryCode 列的取值要求前两位是英文字母，后两位是数字，因此可为该列添加检查约束。

(1)在“对象资源管理器”窗口中依次展开“数据库”“BookSale”“表”节点，右击其中的“dbo. Categories”节点，在弹出的快捷菜单中选择“设计”命令。

(2)在“表设计器”中选择某列，然后右击该列，在弹出的快捷菜单中选择“CHECK 约束”命令，在弹出的“CHECK 约束”对话框中，单击“添加”按钮，在左侧列表添加一项约束，对该项进行设置，单击“常规”中的“表达式”右侧的“...”按钮，在弹出的“CHECK 约束表达式”对话框中，输入约束表达式“RIGHT(categoryCode,2) Like'[0-9][0-9]'”，单击“确定”按钮，返回“CHECK 约束”对话框。单击“标识”中的“名称”右侧的文本框，可以修改约束名称。在左侧列表中选择某约束，单击“删除”按钮，可将指定约束删除。单击“关闭”按钮。

(3)单击“文件”菜单中的“保存 Categories”命令或单击“标准”工具栏上的“保存 Categories”按钮，保存数据表 Categories。

4. 创建默认值约束

表 Customers 用于存放顾客信息，为 password 列添加一个默认值约束，默认值设为“12345678”。

(1)在“对象资源管理器”窗口中依次展开“数据库”“BookSale”“表”节点，右击其中的“dbo. Customers”节点，在弹出的快捷菜单中选择“设计”命令。

(2)在“表设计器”中选择 password 列，在“列属性”列表中展开“常规”节点，在“默认值或绑定”属性后面输入“12345678”，设置默认值约束。

(3)单击“文件”菜单中的“保存 Customers”命令或单击“标准”工具栏上的“保存 Customers”按钮，保存数据表 Customers。

5. 创建外键约束

表 OrderItems 用于存放图书订单项目信息，该表的 orderID 列的取值要参考 Orders 表中的 orderID 列，该表的 bookID 列的取值要参考 Books 表中的 bookID 列，因此可为这两列添加外键约束。

(1)在“对象资源管理器”窗口中依次展开“数据库”“BookSale”“表”“dbo. OrderItems”节点，右击选择其中的“键”节点，在弹出的快捷菜单中选择“新建外键”命令；或者右击选择“dbo. OrderItems”节点，在弹出的快捷菜单中选择“设计”命令，在“表设计器”中选择某列，然后右击该列，在弹出的快捷菜单中选择“关系”命令。

(2)在弹出的“外键关系”对话框中进行设置，左侧“选定的关系”列表中自动添加了一项约束，对该项进行设置，单击“表和列规范”右侧的“...”按钮，在弹出的“表和列”对话框中设置约束列及参考列，在“外键表”下面的下拉列表中选择 orderID 列，在“主键表”下拉列表中选择 Orders，在下面的下拉列表中选择 orderID 列，在“关系名”下面的文本框中可以修改约束名

称。单击“确定”按钮，返回“外键关系”对话框。

(3)单击“添加”按钮，在左侧列表添加一项约束，对该项进行设置，单击“表和列规范”右侧的“...”按钮，在弹出的“表和列”对话框中设置约束列及参考列，在“外键表”下面的下拉列表中选择 bookID 列，在“主键表”下拉列表中选择 Books，在下面的下拉列表中选择 bookID 列，在“关系名”下面的文本框中可以修改约束名称。单击“确定”按钮，返回“外键关系”对话框。在左侧列表中选择某约束，单击“删除”按钮，可将指定约束删除。

(4)如对某外键约束设置级联修改和级联删除，则进行如下操作：在“外键关系”对话框的左侧选择某外键约束，展开“表设计器”下的“INSERT 和 UPDATE 规范”选项，在“更新规则”下拉列表框中选择“级联”，在“删除规则”下拉列表框中选择“级联”。

(5)单击“关闭”按钮，关闭“外键关系”对话框。

(6)单击“文件”菜单中的“保存 OrderItems”命令或单击“标准”工具栏上的“保存 OrderItems”按钮，保存数据表 OrderItems，在弹出的“保存”对话框中提示将和表 OrderItems 相关的数据表 Books 和数据表 Orders 一起保存到数据库中。单击“是”按钮，完成外键设置。

6. 删除约束

表 OrderItems 用于存放图书订单项目信息，删除该表的主键约束。

(1)在“对象资源管理器”窗口中依次展开“数据库”“BookSale”“表”节点，右击其中的“dbo. OrderItems”节点，在弹出的快捷菜单中选择“设计”命令。

(2)在“表设计器”中选择列 orderID，单击“表设计器”工具栏中的“设置主键”命令按钮或者右击鼠标，选择“删除主键”命令，则在该列前面的金色钥匙图标消失。

(3)单击“文件”菜单中的“保存 OrderItems”命令或单击“标准”工具栏上的“保存 OrderItems”按钮，保存在数据表 OrderItems 上所做的修改。

7. 创建聚集索引

表 OrderItems 用于存放图书订单项目信息，为 orderID 和 bookID 两列的组合创建聚集索引，索引名为 IX_OrderItems_bookid。

(1)在“对象资源管理器”窗口中依次展开“数据库”“BookSale”“表”“dbo. OrderItems”节点，右击其中的“索引”节点，在弹出的快捷菜单中选择“新建索引”“聚集索引”命令，弹出“新建索引”对话框。

(2)在“新建索引”对话框中进行设置：在“选择页”区域单击“常规”选项，“索引类型”中自动识别为“聚集索引”，在“索引名称”文本框中输入“IX_OrderItems_bookidorderid”，选择“索引键列”选项卡，单击“添加”按钮，在弹出的“从‘OrderItems’中选择列”对话框中，选择 bookID 选项和 orderID 选项，单击“确定”按钮，返回“新建索引”对话框，单击“确定”按钮，完成聚集索引的创建。

8. 创建唯一非聚集索引

表 Customers 用于存放顾客信息，该表的 customerID 列的取值不能重复，为该列创建唯一的非聚集索引，索引名为 IX_Customers_customerID，该索引建立在文件组 UserGroup1 上，该索引的填充因子为 60%。如果输入重复键值，将忽略该插入或更新语句，且不重新计算统计信息。

(1)在“对象资源管理器”中依次展开“数据库”“BookSale”“表”“dbo. Customers”节点，右击其中的“索引”节点，在弹出的快捷菜单中选择“新建索引”“非聚集索引”命令，弹出“新建索引”对话框。

(2)在“新建索引”对话框中进行如下设置。在“选择页”区域单击“常规”选项，“索引类型”中自动识别为“非聚集”，选择“唯一”按钮，在“索引名称”文本框中输入“IX_Customers_customerID”，选择“索引键列”选项卡，单击“添加”按钮，在弹出“从‘Customers’中选择列”对话框中，选择 customerID 选项，单击“确定”按钮，返回“新建索引”对话框。

在“选择页”区域单击“选项”选项，“自动重新计算统计信息”设置为 False；“忽略重复的值”设置为 False；“填充因子”设置为 60；“填充索引”设置为 True。

在“选择页”区域单击“存储”选项，在“文件组”下拉列表中选择 UserGroup，单击“确定”按钮，完成带有多个参数的唯一非聚集索引的创建。

任务 8　事务与封锁

8.1　事务概述

事务是作为单个逻辑工作单元执行的一系列操作。一个事务可能只包含一个操作，也可能包含一系列的操作。这些操作要么全部执行，要么全部不执行。

分析下面的转账例子：一个客户从他的 A 账户向 B 账户转存 1000 元。首先，读取该客户 A 账户的余额，从中减去 1000(假设账户当前余额允许)，将新的余额写回 A 账户。然后读取该客户 B 账户的余额，将其值加上 1000，将新的结果写回到客户的 B 账户。这个例子涉及数据库中的若干个操作。这些操作可能全部执行，表示转账成功。如果在执行过程中出现错误，如硬件或逻辑错误等，那么所有涉及数据库的更新必须被撤销，否则该客户的存款数据将出现不一致的现象。所以说，该例子中的全部操作是一个单一的工作单元，这些操作要么全部执行，要么全部不执行。

8.1.1　事务的状态

通常一个事务会有两种输出结果。如果一个事务成功执行，则这个事务被提交(COMMITTED)，数据库会进入一个新的一致状态。如果事务没有成功执行，那么事务会被中止(ABORTED)，数据库将回到事务开始以前的一致状态。这时，称事务被回滚(ROLLBACK)。图 8-1 是事务执行过程中所处的各种可能的状态。

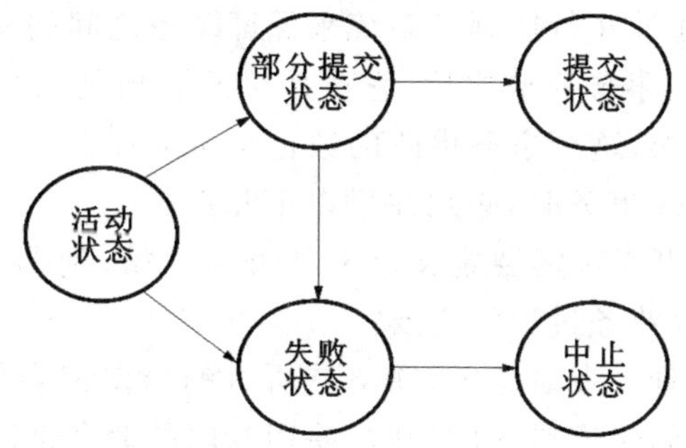

图 8-1　事务执行过程中所处的各种可能的状态

(1)活动状态(active)：事务执行时处于此状态。

(2)部分提交状态(partially committed)：事务的最后一条语句执行之后进入此状态。

(3)失败状态(failed):当事务中的操作不能继续后进入此状态。

(4)中止状态(aborted):事务回滚,并且数据库已恢复到事务开始执行以前的状态后,事务处于此状态。

(5)提交状态(committed):事务成功执行之后进入此状态。

从活动状态开始,事务完成最后一条语句后就进入了部分提交状态。此刻,事务的全部操作已经执行完毕,但由于实际输出可能仍临时驻留在主存储器中,并且在其成功完成前可能出现硬件故障,因此事务仍有可能失败,所以称事务进入部分提交状态。

然后数据库系统将事务所做的更新写入磁盘,确保即使出现故障,事务所做的更新也会保留在磁盘上。系统判定事务不能继续正常执行后(如由于硬件或逻辑错误),事务进入失败状态。这种事务必须回滚。这样,事务就进入了中止状态。

事务进入中止状态后,系统有以下两种选择。

①重启事务(RESTART)。当引起事务中止的错误是软件或硬件错误,而不是事务内部逻辑错误时,可以重新启动事务。重新启动的事务是一个新事务。

②杀死事务(KILL)。这样做通常是由于事务内部逻辑造成的错误,只有重写应用程序才能改正。

事务的提交状态和中止状态都是事务的结束状态。

8.1.2 事务的特性

为了保证数据库中的数据总是正确的,要求事务必须满足 4 个特性。将这 4 个特性简称为 ACID。

(1)原子性(atomicity):每一个事务都是一个工作单元,不能被分割成更小的部分。这个属性意味着在事务中定义的所有数据更改操作要么全部完成,要么全部不能完成。

(2)一致性(consistency):一个事务对数据库的更改必须保证数据库从一个一致的状态转换到另一个一致的状态。为了维护一致性,数据库管理系统会将完整性控制方法,如规则、约束、触发器等应用在事务中。另外,事务开发人员也需要通过编写逻辑正确的事务来保证数据库的一致性。

(3)隔离性(isolation):即使多个事务可以并发执行,事务之间也应该是彼此独立的,也就是说,系统应该保证某一个事务的执行不会因为其他事务的执行而受到影响,使数据库处于不一致的状态。数据库系统通过并行控制子系统来保证事务之间的隔离。

(4)持久性(durability):事务完成之后,它对系统的影响是永久性的。一个事务成功提交之后,无论发生任何系统错误,这个事务更改的数据将永久存在。

当用户设计 SQL Server 事务时,必须注意以下几点。

(1)定义事务的外延。开发者需要定义事务从哪里开始,到哪里结束。事务越短越好,但是同时要做到尽量符合实际业务过程的需要。

(2)定义事务的错误管理。在事务中,并不是所有的错误都会使事务自动回滚,开发者应该对事务中的错误进行管理,保证错误出现时,使用专门的命令来回滚事务。

(3)正确使用隔离级别。如果将每个事务都与其他事务隔离开来执行,那么就会降低系统并行执行的效率。在使用事务时,如果能够设定恰当的隔离级别,那么既可以保证事务正确执行,也可以发挥系统并行执行的高效性。

8.1.3　定义事务

在 SQL Server 中,默认情况下,事务按连接级别进行管理,一个连接的事务模式发生变化对任何其他连接的事务模式没有影响。每一个连接可以选择使用自动提交事务、显式事务、隐式事务 3 种事务模式中的一种。

1. 自动提交事务

SQL Server 数据库的所有数据处理都是以事务的形式完成的。也就是说,在 SQL Server 中,如果用户没有显式地定义事务,系统会自动为该处理定义事务。由 SQL Server 定义的事务称作自动提交事务。

在该模式下,每个 Transact-SQL 语句都是一个事务。如果这个语句成功地完成,则提交该语句。如果遇到错误,则回滚该语句。

例 8-1　创建一个表 test,使用自动提交事务模式向表中插入违反约束的记录,观察数据插入操作的结果,并分析自动提交事务模式的特点。

(1)使用 CREATE TABLE 语句创建一个数据表 test,通过向该数据表中插入数据来检验事务的行为。

```
USE BookSale
GO
CREATE TABLE test(
id int NOT NULL PRIMARY KEY,
col1 char(20)NOT NULL,
col2 int)
GO
```

(2)在查询编辑器窗口中输入以下三个 INSERT 语句,向表 test 中插入三条记录。

```
INSERT INTO test VALUES(1,'First row',111)
GO
INSERT INTO test VALUES(2,NULL,222)
GO
INSERT INTO test VALUES(3,'Third row',333)
GO
```

执行以上三个 INSERT 语句,因为第二个 INSERT 语句向列 col1 中插入 NULL,而该列被定义为不允许空,所以提示错误消息。

(3)输入并执行以下 SELECT 语句,检查记录是否已成功插入表 test 中。执行结果如图 8-2 所示。

```
SELECT *
FROM test
GO
```

从图 8-2 所示的结果可以看出,第二条记录没有被插入,但是第一条和第三条记录被成功

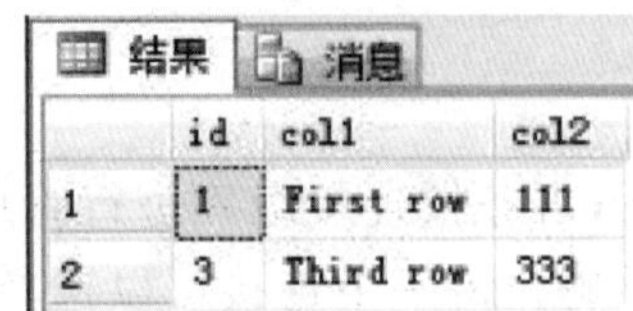

	id	col1	col2
1	1	First row	111
2	3	Third row	333

图 8-2　自动提交事务模式下 SELECT **语句执行的结果**

插入。

SQL Server 使用自动提交事务模式时，每一条语句本身就是一个事务，如果这个语句产生了错误，它的事务会自动回滚；如果这个语句成功执行而没有产生错误，它的事务会自动提交。因此，第一个和第三个语句会被提交，而第二个错误的语句会回滚。

2. 显式事务

如果需要将多条语句放在一个事务中执行，那么用户可以选择使用显式事务模式。在显式事务模式下，用户需要定义事务从哪里开始。如果事务能够正确执行，则要提交事务；如果事务不能正确执行，则要回滚事务。

(1)定义显式事务的语句。

①BEGIN TRANSACTION：该语句用于定义一个事务的开始点。

②COMMIT TRANSACTION：当一个事务正确执行完以后，使用该语句提交事务，使事务对数据库的更改能够长久保留。

③ROLLBACK TRANSACTION：如果事务执行过程中发生了错误，使用该语句回滚该事务，使数据库回到事务开始以前的状态。

可以将以上命令中的 TRANSACTION 缩写为 TRAN。

(2)捕获错误的语句。

用户设计的事务应该具有捕获错误的功能。如果捕获到错误，则显式地回滚事务，否则显式地提交事务。

可以使用 TRY...CATCH 语句捕获 Transact-SQL 代码中的错误。TRY...CATCH 语句包括两部分，一个 TRY 块和一个 CATCH 块。如果在 TRY 块所包含的 Transact-SQL 语句中检测到错误，程序流程将转到 CATCH 块。所以，可以在 CATCH 块中处理该错误。

TRY 块以 BEGIN TRY 语句开头，以 END TRY 语句结尾。在 BEGIN TRY 和 END TRY 语句之间可以指定一个或多个 Transact-SQL 语句。

CATCH 块必须紧跟 TRY 块。CATCH 块以 BEGIN CATCH 语句开头，以 END CATCH 语句结尾。在 Transact-SQL 中，每个 TRY 块仅与一个 CATCH 块相关联。

例 8-2　首先创建表 test，然后将向表 test 中插入三行数据的操作放在一个显式事务中执行，观察执行的结果。

①在查询编辑器中输入并执行以下 Transact-SQL 语句。

```
USE BookSale
GO
IF EXISTS ( SELECT* FROM sys.syscolumns WHERE id= OBJECT_ID ('test'))
DROP TABLE test
CREATE TABLE test
```

```
(
id int NOT NULL PRIMARY KEY,
col1 char(20)NOT NULL,
col2 int)
GO
BEGIN TRY
BEGIN TRANSACTION
INSERT INTO test VALUES(1,'First row',111)
INSERT INTO test VALUES(2,NULL,222)
INSERT INTO test VALUES(3,'Third row',333)
COMMIT TRANSACTION
END TRY
BEGIN CATCH
SELECT ERROR_NUMBER()AS
ErrorNumber, ERROR_SEVERITY()AS
ErrorSeverity, ERROR_STATE()AS
ErrorState, ERROR_LINE()AS ErrorLine,
ERROR_MESSAGE()AS ErrorMessage
ROLLBACK TRANSACTION
END CATCH
GO
```

②输入并执行以下 SELECT 语句检查事务是否被回滚。

```
SELECT *
FROM test
GO
```

通过执行上述查询语句可以看出，表 test 中没有任何记录。因为第二条 INSERT 语句出现错误，所以流程跳到 CATCH 块。在 CATCH 块中，首先通过使用错误函数显示错误信息，然后将整个事务显式回滚，所以系统回到事务开始以前的状态。

3. 隐式事务

当连接以隐式事务模式进行操作时，SQL Server 将在提交或回滚当前事务后自动启动新事务，无须描述事务的开始。但是，用户必须使用 COMMIT 或 ROLLBACK 语句显式结束事务。

例 8-3　使用隐式事务模式，首先创建表 test，然后向表 test 中插入记录，显示插入操作的结果。

(1)输入并执行以下 Transact-SQL 语句，在当前连接上设置隐式事务模式。

```
SET IMPLICIT_TRANSACTIONS ON
GO
```

(2)在查询编辑器中输入并执行以下 Transact-SQL 语句创建表 test。

```
USE BookSale
GO
IF EXISTS ( SELECT* FROM sys.syscolumns WHERE id= OBJECT_ID ('test'))
DROP TABLE test
CREATE TABLE test
(
id int NOT NULL PRIMARY KEY,
col1 char(20)NOT NULL,
col2 int)
GO
```

(3)使用系统函数@@TRANCOUNT 来测试是否已经打开了一个事务。

```
SELECT@@TRANCOUNT AS[Transaction Count]
GO
```

上述语句返回的结果如图 8-3 所示。

图 8-3　隐式事务模式下使用 CREATE TABLE 语句显示的结果

从图 8-3 显示的结果可以看出,当前连接已经打开了一个事务。

(4)提交事务并再次使用系统函数@@TRANCOUNT 测试当前连接上打开的事务。

```
COMMIT TRANSACTION
GO
SELECT@@TRANCOUNT AS[Transaction Count]
GO
```

显示的结果为 0,也就是说,使用 COMMIT TRANSACTION 命令提交事务后,事务结束。

(5)使用以下 INSERT 语句向表中插入记录,测试当前连接上的事务。

```
INSERT INTO test VALUES(1,'First Row',111)
GO
SELECT@@TRANCOUNT AS[Transaction Count]
GO
```

显示的结果为 1,即上一个事务结束后,当使用 INSERT 语句时,系统会重新开始一个新的事务。

(6)回滚当前事务并使用 SELECT 语句显示表 test 中的记录。

```
ROLLBACK TRANSACTION
GO
SELECT *
FROM test
GO
```

由于包含 INSERT 语句的事务被回滚,所以表中不包含任何记录。

(7)执行以下语句关闭隐式事务模式。

```
SET IMPLICIT_TRANSACTIONS OFF
GO
```

8.1.4　事务嵌套

显式事务可以嵌套,即可以在一个显式事务中嵌套另一个显式事务。下面是事务嵌套的例子。

例 8-4　在外层事务中创建表 test,在内层嵌套的事务中向该表中插入数据。内层事务和外层事务分别被提交。

(1)输入以下语句。

```
USE BookSale
GO
BEGIN TRANSACTION
PRINT 'After the first begin- tran:' + CAST ( @@TRANCOUNTASchar (1))
IF EXISTS ( SELECT* FROM sys.syscolumns WHERE id= OBJECT_ID ('test'))
DROP TABLE test
CREATE TABLE test(
id int NOT NULL PRIMARY KEY,
col1 char(20)NOT NULL,
col2 int)
BEGIN TRANSACTION
PRINT 'After the second begin- tran: ' + CAST ( @@TRANCOUNT AS char (1))
INSERT INTO test VALUES(1,'First Row',111)
COMMIT TRANSACTION
PRINT 'After the first commit- tran: ' + CAST ( @@TRANCOUNT AS char (1))
COMMIT TRANSACTION
PRINT 'After the second commit- tran: ' + CAST ( @@TRANCOUNT AS char (1))
GO
```

在例 8-4 中,在外层事务中创建表 test,然后开始内层事务, 并在内层事务中使用 INSERT 语句向该表中插入了一条记录。然后依次提交内层事务和外层事务。其中系统函数

CAST 的作用是进行类型转换，将系统函数@@TRANCOUNT 返回的整形数据转变为类型为 char(1) 的字符型数据以便输出。

执行以上的语句，可以发现每执行一次 BEGIN TRANSACTION 语句，便开始一个新事务，而且系统函数@@TRANCOUNT 的值也会增加 1。每执行一次 COMMIT TRANSACTION 语句，可以关闭一层事务，使系统函数@@TRANCOUNT 的值减小 1。当系统函数@@TRANCOUNT 的值减为 0 时，最外层的事务也被关闭了。

(2)使用以下 SELECT 语句查看表 test 中的记录。

```
SELECT *
FROM test
GO
```

结果返回一条记录。

例 8-5 在下面的事务嵌套的例子中，提交内层事务，但撤销外层事务。

(1)清空表 test。

```
TRUNCATE TABLE test
GO
```

(2)创建一个包含嵌套事务的事务。在外层事务中向表 test 中插入第一条记录；在内层事务中向表 test 中插入第二条记录。提交内层事务，但撤销外层事务。

```
BEGIN TRANSACTION
INSERT INTO test VALUES(1, 'First Row', 111)
BEGIN TRANSACTION
INSERT INTO test VALUES(2, 'Second Row', 222)
COMMIT TRANSACTION
ROLLBACK TRANSACTION
GO
```

执行以上语句，系统显示正确执行的消息。

(3)使用以下 SELECT 语句查看表 test 中的记录。

```
SELECT *
FROM test
GO
```

从执行结果可以看出，表 test 中不包含记录。也就是说，即使内层事务被提交，如果外层事务被回滚，那么内层事务也会回滚。

例 8-6 在下面的事务嵌套的例子中，回滚内层事务，但提交外层事务。

```
TRUNCATE TABLE test
GO
BEGIN TRANSACTION
INSERT INTO test VALUES(1, 'First Row', 111)
```

```
BEGIN TRANSACTION
INSERT INTO test VALUES(2, 'Second Row', 222)
ROLLBACK TRANSACTION
COMMIT TRANSACTION
GO
```

执行以上语句的错误消息如图 8-4 所示。

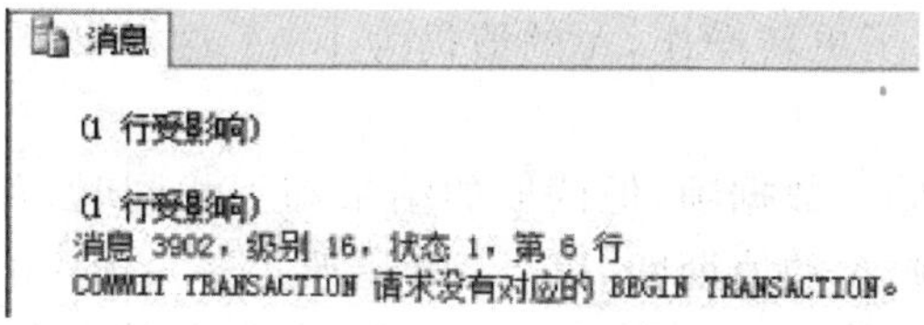

消息

(1 行受影响)

(1 行受影响)
消息 3902，级别 16，状态 1，第 6 行
COMMIT TRANSACTION 请求没有对应的 BEGIN TRANSACTION。

图 8-4　回滚内层事务但提交外层事务的结果

当在嵌套事务中使用 ROLLBACK TRANSACTION 语句时，实际是回滚最外层的事务。在例 8-5 中，在内层的事务中使用 ROLLBACK TRANSACTION 语句时，最外层的事务已被回滚，所以再次使用 COMMIT TRANSACTION 提交事务时，系统会提示没有对应的 BEGIN TRANSACTION 语句。

在嵌套事务中，ROLLBACK TRANSACTION 总是属于最外层的事务。当使用 ROLLBACK TRANSACTION 语句时总是回滚整个事务。即使内层事务已经被提交，也会被同时回滚。

8.2　封　　锁

8.2.1　并发操作产生的问题

事务处理系统通常允许多个事务并发执行。事务并发执行有以下优点。

①提高吞吐量和资源利用率。计算机系统中的 CUP 运算和磁盘 IO 操作可以并行。当一个事务在磁盘上进行读写操作时，另一个事务可以在 CPU 上运行。这样，系统的吞吐量增加了，即给定时间内系统执行的事务的数量增加了。相应地，CPU 与磁盘的利用率也增加了。

②减少等待时间。如果等长的事务完成后再执行短的事务，可能导致难以预测的延迟。如果各个事务并发执行，共享 CPU 周期与磁盘存取，可以缩短事务的平均响应时间。

但是，即使每个事务单独执行时都能正确执行，当它们并发执行时，数据库的一致性也可能被破坏。

下面是几个并发操作可能会引发的问题。

(1)丢失更新。

当两个或多个事务读取同一数据项，然后基于最初读取的值更新该数据项时，会发生丢失更新问题，每个事务都不知道其他事务的存在，最后的更新将覆盖其他事务所做的更新，这将导致数据更新丢失。

数据项 A 的初值为 100，事务 T1 在该值的基础上减去 30，而事务 T2 在该值的基础上乘以 2。事务 T1 将修改后的 A 的值 70 写入数据库。然后,事务 T2 又将修改后的 A 的值 200 写入数据库。这样,就造成了事务 T1 的更新丢失。

(2)读“脏”数据。

当某个事务读取其他事务正在更新的数据项时,可能会发生读“脏”数据的问题。例如,事务 T2 更新数据项 A 的值之后又回滚了这一更新操作。事务 T1 同时读取了数据项 A 的值,即事务 T1 读取了“脏”数据。

事务 T2 读取数据项 A 的初值为 100,减去 30,使 A 的值变为 70。事务 T1 读取了 A 的值 70,但随后事务 T2 回滚了更新操作,A 的值仍为 100。这样事务 T1 读取了“脏”数据。

(3)不可重复读。

当某个事务多次读取同一数据项,但读取的结果却不相同时,称为“不可重复读”。例如,在事务 T1 两次读取数据项 A 的值期间,事务 T2 更改了 A 的值,出现了不可重复读的问题。事务 T1 读取数据项 A 的初值为 100,随后,事务 T2 将 A 的值改为 70,事务 T1 再次读取到的 A 的值为 70,这样就产生了不可重复读的问题。

(4)幻读。

当执行插入或删除行的操作,而该行属于某个事务正在读取的行的范围时,会发生幻读问题。

例如,事务 T1 读取了若干行数据,而事务 T2 在进行删除操作时删除了事务 T1 已经读取的某行数据,那么事务 T1 所读取的某些数据可能已经不存在了。同样,如果事务 T2 插入了一行数据,而这行数据属于事务 T1 读取数据的范围,那么事务 T1 读取的数据显然是不完整的。这些都是幻读问题。

8.2.2 封锁概述

数据库管理系统引入锁的机制来解决并发操作带来的问题。锁是用来同步多个用户对同一个数据项进行操作的一种机制。在事务对数据项进行操作(如读取或修改数据)之前,它必须保护自己不受其他事务对同一数据项进行操作的影响。事务通过请求锁定数据项来达到此目的。锁有多种模式,如果某个事务已获得特定数据项的某种模式的锁,则其他事务不能获得与该锁模式发生冲突的锁。如果事务请求的锁模式与已授予同一数据项的锁模式发生冲突,则数据库引擎将暂停事务请求直到第一个锁释放。

基本的锁模式包括共享锁(S 锁)和排他锁(X 锁)。

(1)共享锁(S 锁):当事务获得了数据项上的共享锁后,对于这一数据项,该事务只能读不能写。

例如,因为 SELECT 语句只读取数据,所以事务中使用 SELECT 时会获得相应数据上的共享锁。

(2)排他锁(X 锁):当事务获得了数据项上的排他锁后,对于这一数据项,该事务既可以读也可以写。

例如,在事务中使用 INSERT、UPDATE 及 DELETE 语句时,会获得该相应数据的排他锁。

当一个事务获得了某个数据项上的共享锁后,允许其他事务获得相同数据项上的共享锁,但不允许获得相同数据项上的排他锁。也就是说,当一个事务读数据的时候,允许其他事务读

同一数据，但不允许其他事务更改这一数据。当一个事务获得了某个数据项上的排他锁以后，则其他事务既不能获得该数据项上的共享锁，也不能获得该数据项上的排他锁。

SQL Server 还提供了更新锁(U 锁)，当 SQL Server 定位表中必须修改的行时，这种锁首先定义为共享锁，但在执行实际数据修改之前，这种锁会升级为排他锁。

锁定可分为三个不同的级别，可以在行、页或表三个层次进行锁定。SQL Server 以动态增加机制为基础，自动将资源锁定在适合任务的级别，并尽量减小锁定的开销。SQL Server 总会尝试精细地锁住资源。在大多数情况下，它会首先基于行级加锁，如果锁住的行太多，会提升锁至表级。这个过程是自动完成的。

8.2.3　事务隔离级别

SQL Server 通过为事务添加不同级别的锁来实现事务之间的隔离，从而保证一个事务的执行不会影响其他并发执行的事务的执行。

而隔离属性是事务的基本属性之一，它能够使事务免受其他并发事务执行的更新的影响。每个事务的隔离级别是可以自定义的。设置当前连接上的事务的隔离级别的语法格式如下所示。

```
SET TRANSACTION ISOLATION LEVEL
{READ UNCOMMITTED
|READ COMMITTED
|REPEATABLE READ
|SERIALIZABLE
|SNAPSHOT}
[;]
```

语法说明

(1)READ UNCOMMITTED，未提交读隔离级别。未提交读隔离级别是隔离事务的最低级别，只能保证不读取物理上损坏的数据。在这种隔离级别下，事务读取数据的时候不使用任何类型的锁，也不检查读取的数据上是否已经存在锁。也就是说，在未提交读隔离级别运行的事务，不会发出共享锁来防止其他事务修改当前事务读取的数据。未提交读的事务也不会被排他锁阻塞。

(2)READ COMMITTED，已提交读隔离级别，该选项是 SQL Server 的默认设置。在这种隔离级别下，事务要等待数据项上的排他锁被释放以后再读取该数据项，而且只读取提交以后的数据，这样可以避免读“脏”数据。事务读取数据项时会在该数据项上加共享锁，并且读操作一结束，该共享锁就会被释放，并不等到事务结束。也就是说，其他事务可以在当前事务的各个语句之间更改数据，这样就可能产生不可重复读或者幻读的问题。

(3)REPEATABLE READ，可重复读隔离级别，这一隔离级别与已提交读的区别是事务读操作的共享锁会等到事务结束以后再释放。

(4)SERIALIZABLE，可序列化隔离级别，该隔离级别与可重复读的区别是事务的读操作不仅会锁定被读取的数据，还会锁定被读取的范围。这样就阻止了新数据插入读操作所读取的范围。

(5)SNAPSHOT，快照隔离级别，在该隔离级别下，事务的读操作不会为数据项加共享锁,这样一来,即使其他的事务已排他地锁定了数据项,当前事务也可以读取该数据项。此时,事务读取的是该数据项最后提交的版本。另外,在快照隔离级别下,事务不能更改已被其他事务更改过的数据。

设置快照隔离级别的方法如下。

① 首先将 ALLOW_SNAPSHOT_ISOLATION 数据库选项设置为 ON。

```
ALTER DATABASE DatabaseName
SET ALLOW_SNAPSHOT_ISOLATION ON
```

② 然后设置快照隔离级别。

```
SET TRANSACTION ISOLATION LEVEL SNAPSHOT
```

(6)已提交读快照隔离级别,该隔离级别与快照隔离级别的区别在于,在其他事务提交数据更改后读取修改的数据,并且能够更新由其他事务修改的数据。

设置已提交读快照隔离级别的方法是:首先修改数据库,将 ALLOW_SNAPSHOT_ISOLATION 选项设置为 ON;然后,再次修改数据库,将 READ_COMMITTED_SNAPSHOT 选项设置为 ON。

1. 使用已提交读隔离级别

已提交读隔离级别是数据库引擎的默认隔离级别,使用该隔离级别不必进行任何设置。

例 8-7 使用已提交读隔离级别。

(1)创建表 test,然后插入实验数据。

```
USE BookSale
GO
IF EXISTS ( SELECT* FROM sys.syscolumns WHERE id= OBJECT_ID ('test'))
DROP TABLE test
CREATE TABLE test
(
id int NOT NULL PRIMARY KEY,
col1 char(20)NOT NULL,
col2 int)
GO
INSERT INTO test VALUES(1, 'First Row', 10)
INSERT INTO test VALUES(2, 'Second Row', 20)
INSERT INTO test VALUES(3, 'Third Row', 30)
GO
```

(2)开始一个事务,并使用以下查询语句显示属性 col2 值为 20 的记录的 id 和 col1 属性的值。注意不要结束这个事务。

```
BEGIN TRANSACTION
SELECT id,col1
FROM test
WHERE col2= 20
```

可以看到显示的结果为，id 的值是 2，col1 的值是 Second Row。

(3)打开另一个查询编辑器窗口(记为查询窗口 2)，在该窗口中执行连接的第二个会话的语句。在查询窗口 2 中开始一个事务，使用 UPDATE 语句将属性 col2 值为 20 的记录的 col1 属性的值改为 Not Second Row。注意不要结束这个事务。

```
USE BookSale
GO
BEGIN TRANSACTION
UPDATE test
SET col1= 'Not Second Row'
WHERE col2= 20
```

由于已提交读隔离级别的事务在读取完数据以后便立即释放共享锁，也就是说，会话 1 中的事务虽然没有结束，但它的共享锁已经被释放了。所以会话 2 中的 UPDATE 语句能够正常运行。

(4)切换回查询窗口 1，再一次查询属性 col2 值为 20 的记录的 id 和 col1 属性的值。

```
SELECT id,col1
FROM test
WHERE col2= 20
```

通过执行可以看到这个查询被阻塞。因为查询窗口 2 中的事务将数据排他地锁定，在事务没有结束以前，排他锁不会被释放，其他事务无法读取被排他锁锁定的数据。

(5)切换回查询窗口 2，提交事务。

```
COMMIT TRANSACTION
GO
```

切换回查询窗口 1，可以看到查询窗口 1 中的查询操作已经完成，得到的结果是 id 的值是 2，col1 的值是 Not Second Row，也就是说，在查询窗口 1 中的事务读取了查询窗口 2 的事务提交以后的数据。

(6)提交查询窗口 1 中的事务。

```
COMMIT TRANSACTION
GO
```

从这个例子可以看出，已提交读隔离级别存在两个问题。第一，在查询窗口 1 中的事务两次读取的数据不同(第一次读取指定记录的 col1 列的值是 Second Row，第二次读取的同一记录的 col1 列的值是 Not Second Row)，这种情况称为不可重复读。第二，当一个事务更新某一数据时，在提交之前，其他事务会因为也要读取该数据而被阻塞，这样会降低系统查询的效率。为了提高系统的查询效率，可以使用已提交读快照隔离级别。在这种隔离级别下，即使有事务锁定了数据，因为读操作不需要加共享锁，另一个事务仍然可以读取数据。

2. 使用已提交读快照隔离级别

例 8-8　使用已提交读快照隔离级别。

(1)清空表 test,然后插入实验数据。

```
USE BookSale
GO
TRUNCATE TABLE test
GO
INSERT INTO test VALUES ( 1 , 'First Row' , 10 ) , ( 2 , 'Second Row',20),
(3, 'Third Row', 30)
GO
```

(2)打开一个查询编辑器窗口(记为查询窗口 1),在该窗口中执行连接的第一个会话的语句。首先使用以下语句设置已提交读快照隔离级别。

```
USE master
GO
ALTER DATABASE BookSale
SET ALLOW_SNAPSHOT_ISOLATION ON
GO
ALTER DATABASE BookSale
SET READ_COMMITTED_SNAPSHOT ON
GO
```

(3)开始一个事务,并使用以下查询语句显示属性 col2 值为 10 的记录的 id 和 col1 属性的值。注意不要结束这个事务。

```
USE BookSale
GO
BEGIN TRANSACTION
SELECT id,col1
FROM test
WHERE col2= 10
```

可以看到显示的结果为,id 的值是 1,col1 的值是 First Row。

(4)打开另一个查询编辑器窗口(记为查询窗口 2),在该窗口中执行连接的第二个会话的语句。在查询窗口 2 中开始一个事务,使用 UPDATE 语句将属性 col2 值为 10 的记录的 col1 属性的值改为 Not First Row。注意不要结束这个事务。

```
USE BookSale
GO
BEGIN TRANSACTION
UPDATE test
SET col1= 'Not First Row'
WHERE col2= 10
```

(5)切换回查询窗口 1,再一次查询属性 col2 值为 10 的记录的 id 和 col1 属性的值。

```
SELECT id,col1
FROM test
WHERE col2= 10
```

与例 8-7 不一样，这个查询可以执行，并且查询到的结果是 id 的值是 1，col1 的值是 First Row。

(6)切换回查询窗口 2，提交事务。

```
COMMIT TRANSACTION
GO
```

(7)切换回查询窗口 1，重新执行一次相同的查询操作。

```
SELECT id,col1
FROM test
WHERE col2= 10
```

可以看到，由于查询窗口 2 中的事务已经提交，那么该查询得到的结果是数据更新以后的值，也就是 id 的值是 1，col1 的值是 Not First Row。

(8)提交查询窗口 1 中的事务，并切换回已提交读隔离级别。

```
COMMIT TRANSACTION
USE master
GO
ALTER DATABASE BookSale
SET ALLOW_SNAPSHOT_ISOLATION OFF
GO
```

从以上结果可以看出，虽然已提交读快照隔离级别能够在一个事务更新数据的同时，使另一个事务继续读取数据，但是和已提交读隔离级别一样，它也会出现不可重复读的问题。使用快照隔离级别和可重复读隔离级别都可以解决不可重复读的问题。下面看一下快照隔离级别的应用。

3. 使用快照隔离级别

例 8-9　使用快照隔离级别。

(1)清空表 test，然后插入实验数据。

```
USE BookSale
GO
TRUNCATE TABLE test
GO
INSERT INTO test VALUES ( 1 , 'First Row' , 10 ) , ( 2 , 'Second Row',20),
(3,'Third Row',30)
GO
```

(2)打开一个查询编辑器窗口(记为查询窗口 1)，在该窗口中执行连接的第一个会话的语句。首先使用以下语句设置快照隔离级别。

```
USE master
GO
ALTER DATABASE BookSale
SET ALLOW_SNAPSHOT_ISOLATION ON
USE BookSale
GO
SET TRANSACTION ISOLATION LEVEL SNAPSHOT
```

(3)开始一个事务,并使用以下查询语句显示属性 col2 值为 30 的记录的 id 和 col1 属性的值。注意不要结束这个事务。

```
BEGIN TRANSACTION
SELECT id,col1
FROM test
WHERE col2= 30
```

可以看到显示的结果为,id 的值是 3,col1 的值是 Third Row。

(4)打开另一个查询编辑器窗口(记为查询窗口 2),在该窗口中执行连接的第二个会话的语句。在查询窗口 2 中开始一个事务,使用 UPDATE 语句将属性 col2 值为 30 的记录的 col1 属性的值改为 Not Third Row,提交事务。

```
USE BookSale
GO
BEGIN TRANSACTION
UPDATE test
SET col1= 'Not Third Row'
WHERE col2= 30
COMMIT TRANSACTION
GO
```

(5)切换回查询窗口 1,再一次查询属性 col2 值为 30 的记录的 id 和 col1 属性的值。

```
SELECT id,col1
FROM test
WHERE col2= 30
```

可以看到,即使查询窗口 2 中的事务已提交,在该查询结果中 id 的值是 3,col1 的值是 Third Row。

(6)提交查询窗口 1 中的事务并关闭快照隔离级别。

```
COMMIT TRANSACTION
USE master
GO
ALTER DATABASE BookSale
```

```
SET ALLOW_SNAPSHOT_ISOLATION OFF
GO
SET TRANSACTION ISOLATION LEVEL READ
COMMITTED
GO
```

4. 使用可重复读隔离级别

在已提交读隔离级别中，在事务 1 中读取数据以后共享锁立即被释放，其他事务可以修改数据，也就是说，在事务 1 还没有结束的时候数据已经被更改了。在已提交读快照隔离级别和快照隔离级别中，由于读操作不加共享锁，所以在事务 1 执行过程中其他事务也可以更新数据，造成同一个事务中数据前后不一致。为了在整个事务执行过程中锁定数据以避免其他事务更改数据，可以使用可重复读隔离级别。

例 8-10　使用可重复读隔离级别。

(1)清空表 test，然后插入实验数据。

```
USE BookSale
GO
TRUNCATE TABLE test
GO
INSERT INTO test VALUES ( 1 , 'First Row' , 10 ) , ( 2 , 'Second Row',20),
(3,'Third Row',30)
GO
```

(2)打开一个查询编辑器窗口(记为查询窗口 1)，在该窗口中执行连接的第一个会话的语句。首先使用以下语句设置可重复读隔离级别。

```
USE BookSale
GO
SET TRANSACTION ISOLATION LEVEL REPEATABLE READ
```

(3)开始一个事务，并使用以下查询语句显示属性 col2 值为 30 的记录的 id 和 col1 属性的值。注意不要结束这个事务。

```
BEGIN TRANSACTION
SELECT id,col1
FROM test
WHERE col2= 30
```

可以看到显示一条记录，id 的值是 3，col1 的值是 Third Row。

(4)打开另一个查询编辑器窗口(记为查询窗口 2)，在该窗口中执行连接的第二个会话的语句。在查询窗口 2 中开始一个事务，使用 UPDATE 语句将属性 col2 值为 30 的记录的 col1 属性的值改为 Not Third Row。

```
USE BookSale
GO
BEGIN TRANSACTION
UPDATE test
SET col1= 'Not Third Row'
WHERE col2= 30
```

因为查询窗口1中的事务没有结束，共享锁没有被释放，所以当前的事务无法修改数据。单击“SQL 编辑器”工具栏上的“取消执行查询”按钮取消当前的更新操作。

(5)在查询窗口2中执行插入语句插入一条记录，该记录的属性col2的值也是30，然后提交该事务。

```
INSERT INTO test
VALUES(4,'Forth Row',30)
COMMIT TRANSACTION
GO
```

新插入的记录处于查询窗口1中事务的SELECT语句的查询范围之中，所以该事务下一次读取数据的时候会读取该行记录，这称作幻读。

(6)切换回查询窗口1，再一次查询属性col2值为30的记录的id和col1属性的值。提交该事务。

```
SELECT id,col1
FROM test
WHERE col2= 30
COMMIT TRANSACTION
GO
```

可以看到，该查询返回两条记录，一条记录的结果是id的值是3，col1的值是Third Row，另一条记录的结果是id的值是4，col1的值是Forth Row。

(7)重新设置默认的已提交读隔离级别。

```
SET TRANSACTION ISOLATION LEVEL READ
COMMITTED
GO
```

5. 使用可序列化隔离级别

为了防止幻读的出现，可以使用可序列化隔离级别。可序列化隔离级别可以阻止在事务读取的范围内插入新行。

例 8-11 使用可序列化隔离级别。

(1)清空表test，然后插入实验数据。

```
USE BookSale
GO
```

```
TRUNCATE TABLE test
GO
INSERT INTO test VALUES ( 1 , 'First Row' , 10 ) , ( 2 , 'Second Row', 20),
(3,'Third Row',30)
GO
```

(2)打开一个查询编辑器窗口(记为查询窗口 1),在该窗口中执行连接的第一个会话的语句。首先使用以下语句设置可序列化隔离级别。

```
USE BookSale
GO
SET TRANSACTION ISOLATION LEVEL SERIALIZABLE
```

(3)开始一个事务,并使用以下查询语句显示 col2 值为 10 的记录的 id 和 col1 属性的值。注意不要结束这个事务。

```
BEGIN TRANSACTION
SELECT id,col1
FROM test
WHERE col2= 10
```

可以看到显示一条记录,id 的值是 1,col1 的值是 First Row。

(4)打开另一个查询编辑器窗口(记为查询窗口 2),在该窗口中执行连接的第二个会话的语句。在查询窗口 2 中开始一个事务,使用插入语句插入一条记录,该记录的 col2 的值也是 10。

```
USE BookSale
GO
BEGIN TRANSACTION
INSERT INTO test VALUES(4,'Forth Row',10)
```

通过执行语句可以看到这个查询被阻塞,也就是说,可序列化隔离级别阻止在事务读取的范围内插入新记录。单击"SQL 编辑器"工具栏上的"取消执行查询"按钮取消当前的更新操作。

(5)提交查询窗口 2 中的事务。

```
COMMIT TRANSACTION
GO
```

(6)提交查询窗口 1 中的事务并重新设置默认的已提交读隔离级别。

```
COMMIT TRANSACTION
SET TRANSACTION ISOLATION LEVEL READ
COMMITTED
GO
```

在选择隔离级别时,通常会面对这样的情况:选择高隔离级别会减小事务并发操作数据时出现的错误，但同时会增加阻塞的机会；选择低隔离级别可以减小出现阻塞的机会，但同时增加了出现并发操作错误的可能性。为了协调两者的关系，在设计事务时应遵循以下的原则。

①事务要尽量短。

②不要在事务中请求用户输入。

③在读数据时考虑使用行版本管理。

④在事务中尽量访问最少量的数据。

⑤尽可能使用低的事务隔离级别以减小阻塞发生的可能性。

8.2.4 死锁

死锁是指会导致永久阻塞的特殊阻塞现象。当系统中有两个或两个以上的事务都处于等待状态，并且每个事务都在等待另一个事务解除封锁再继续下去时，容易造成任何一个事务都无法继续执行，这种现象称为死锁。

在时刻 t_0，事务 T1 在数据项 A 上加排他锁。随后，事务 T1 更改数据项 A。在时刻 t_2，事务 T2 在数据项 B 上加排他锁。随后，事务 T2 更改数据项 B。在时刻 t_3，事务 T2 打算更改数据项 A，但由于 A 已被排他锁锁定，事务 T2 进入等待状态。在时刻 t_4，事务 T1 也要更改数据项 B，但 B 已被排他锁锁定，事务 T1 也进入等待状态。这两个事务由于相互等待对方释放锁，所以谁都不能继续执行。在时刻 t_5，系统发生了死锁。

为了解决死锁的问题，SQL Server 数据库引擎的死锁监视器定期检查陷入死锁的任务。如果监视器检测到循环依赖关系，将选择其中一个事务作为牺牲品，然后终止该事务并提示错误。这样，其他事务就可以完成其任务。对于事务已终止的应用程序，可以等到与它一起陷入死锁的其他事务完成后再执行。

下面通过一个例子来观察 SQL Server 是如何处理死锁的。

例 8-12 在下面的例子中，构造一个死锁的情形，并观察到 SQL Server 选择一个事务作为牺牲品。

(1)打开一个查询编辑器窗口(记为查询窗口 1)，在该窗口中执行连接的第一个会话的语句。使用以下语句创建表 TempTableA 和 TempTableB，并分别在两个表中各插入一条记录。

```
USE BookSale
GO
CREATE TABLE
TempTableA( id int
PRIMARY KEY,
colachar(6))
GO
INSERT INTO TempTableA VALUES(1,'aaa')
GO
CREATE TABLE
TempTableB( id int
PRIMARY KEY,
colb int)
```

```
GO
INSERT INTO TempTableB VALUES(1,10)
GO
```

(2)开始一个事务，使用 UPDATE 语句更改表 TempTableA 中属性 cola 的值。注意不要结束这个事务。

```
BEGIN TRANSACTION
UPDATE TempTableA SET cola= 'bbb'
GO
```

该语句能够正确执行。

(3)打开另一个查询编辑器窗口(记为查询窗口 2)，在该窗口中执行连接的第二个会话的语句。在查询窗口 2 中开始一个事务，使用 UPDATE 语句更改表 TempTableB 中属性 colb 的值。注意不要结束这个事务。

```
USE BookSale
GO
BEGIN TRANSACTION
UPDATE TempTableB SET colb= 20
```

该语句能够正确执行。

(4)切换回查询窗口 1，使用 UPDATE 语句更改表 TempTableB 中属性 colb 的值。

```
UPDATE TempTableB SET colb= 30
```

这个事务被阻塞。

(5)切换回查询窗口 2，使用 UPDATE 语句更改表 TempTableA 中属性 cola 的值。

```
UPDATE TempTableA SET cola= 'ccc'
```

此时系统发生死锁。随后几秒，其中一个事务被系统取消并返回了一个错误消息。

(6)提交查询窗口 1 中的事务。

```
COMMIT TRANSACTION
GO
```

(7)重新执行查询窗口 2 中的事务，此时该事务可以正确执行。提交该事务。

```
COMMIT TRANSACTION
GO
```

尽管不能完全避免死锁，但遵守特定的编码习惯可以将发生死锁的概率降至最低。为了防止并处理死锁，应该遵守以下原则。

①遵守最少化阻塞的原则。阻塞越少，发生死锁的机会就越少。

②在事务中，要有顺序地访问数据库对象。如果以上示例中的两个事务都按照相同的顺序访问表，就不会发生死锁。

③在错误处理程序中检查错误消息 1205 并在错误发生时重新提交事务。

④在错误处理程序中加入一个过程，将错误的详细信息写入日志。

如果遵守这些原则，将会减少死锁发生的可能性。当死锁发生时，由于系统会自动确定一个被回滚的事务，因此用户无法发现问题。如果将死锁错误的详细信息写入日志，用户就可以通过日志来监视死锁。

任务 9　角色管理与权限

9.1　数据库安全管理机制

安全性是指保护数据库中的各种数据，以防止因非法使用而造成数据的泄密和破坏。SQL Server 采用分层的安全管理机制，如图 9-1 所示。

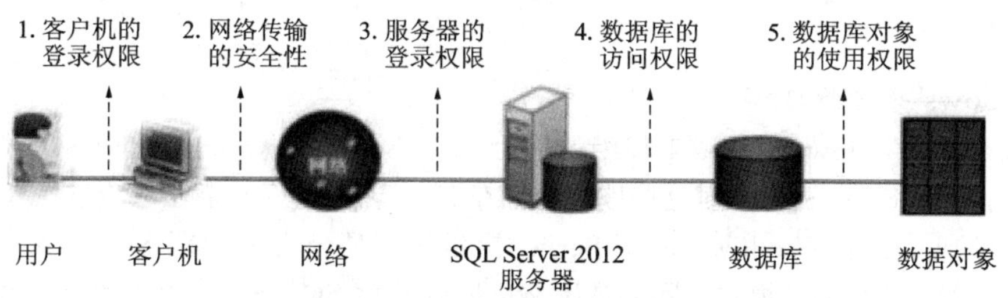

图 9-1　SQL Server **的安全管理机制**

第一层：SQL Server 客户机的安全，即客户机的登录权限。用户首先必须能够登录 SQL Server 客户机操作系统，然后才能进一步访问 SQL Server 服务器中的数据对象。保证客户机操作系统的安全性是操作系统管理员或网络管理员的任务。SQL Server 采用了集成 Windows NT 网络安全性机制，使得操作系统的安全性得到提高。

第二层：网络传输的安全性。SQL Server 对关键的数据采用了透明数据加密（TDE），整个数据库对磁盘的读取和写入都做了加密和解密的处理，因而不需要重写应用程序或生成自定义的加密和解密的代码。由于数据库已经被加密过了，因此数据库备份也就自动被加密了。这样，即使攻击者突破了防火墙和服务器上的操作系统的限制，抵达了数据库，仍需要进行数据解密，从而在一定程度上保护了数据的安全。

第三层：SQL Server 服务器的安全，即服务器的登录权限。用户使用 SQL Server 客户机登录 SQL Server 服务器时，必须输入登录账户和密码，只有其与 SQL Server 服务器上的账户和密码相符时，才能成功连接到 SQL Server 服务器，取得使用 SQL Server 服务的基本权限。SQL Server 采用了标准 SQL Server 登录和集成 Windows 登录两种方式。

第四层：数据库的安全，即数据库的访问权限。任何一个登录 SQL Server 服务器的客户机只有经过授权才能访问相应的数据库，即客户机的登录账户要与数据库的某个数据库用户相关联，才能访问该数据库。

第五层:数据对象的安全,即数据库对象的使用权限。用户被允许使用一个数据库后,并不是对该数据库中的所有数据库对象拥有所有的访问权限,访问权限的大小由数据库对象的所有者授权,常见的访问权限包括 SELECT 权限、UPDATE 权限、INSERT 权限、DELETE 权限等。

9.2 SQL Server 服务器安全管理

SQL Server 对所有连接服务器的登录用户进行身份验证,并允许创建 Windows 登录账户和 SQL Server 登录账户进行服务器访问。为了便于管理登录账户,系统可以为登录账户分配固定服务器角色。

9.2.1 身份验证模式

身份验证模式是指 SQL Server 如何处理账户和密码。SQL Server 提供两种身份验证模式:一是 Windows 身份验证模式;二是混合身份验证模式,即 SQL Server 和 Windows 身份验证模式。

1. Windows 身份验证模式

该模式是将 Windows 用户或工作组映射为 SQL Server 的登录账户,即 SQL Server 集成的安全登录模式。SQL Server 对这些账户采用信任登录方式。如果这些 Windows 用户或工作组成员能够成功登录 Windows,SQL Server 就承认其是合法的 SQL Server 账户,从而允许其连接上服务器。这种验证模式实际上是让 Windows 代替 SQL Server 执行登录审查的任务。

2. 混合身份验证模式

在混合身份验证模式下,SQL Server 系统既可以采用 Windows 身份验证方式,也可以采用 SQL Server 身份验证方式确认账户,且 Windows 身份验证方式优于 SQL Server 身份验证方式。也就是说,如果将要连接服务器的用户是通过信任连接协议登录系统的,系统自动采用 Windows 身份验证方式确认用户;如果是通过非信任连接协议登录系统的,系统将采用 SQL Server 身份验证方式确认用户。所以混合身份验证模式适用于非 Windows 系统环境的用户、Internet 用户或者混杂的工作组用户访问 SQL Server 的情况。

设置身份验证模式的方法如下。

(1)打开 SSMS 并连接到目标服务器,在“对象资源管理器”中的目标服务器上右击鼠标,在弹出的快捷菜单中选择“属性”命令。

(2)在“服务器属性”窗口的“选择页”列表中选择“安全性”选项,如图 9-2 所示。在右侧的“服务器身份验证”选项中选择验证模式,同时在“登录审核”选项中设置需要的审核方式,例如只记录所有的成功登录信息或者只记录所有的失败登录信息。

(3)修改完成后,重启 SQL Server(MSSQLSERVER 服务),即可完成对身份验证模式的配置。

在修改身份验证模式时,登录账户必须拥有服务器的最高控制权限,否则无法修改服务器属性。

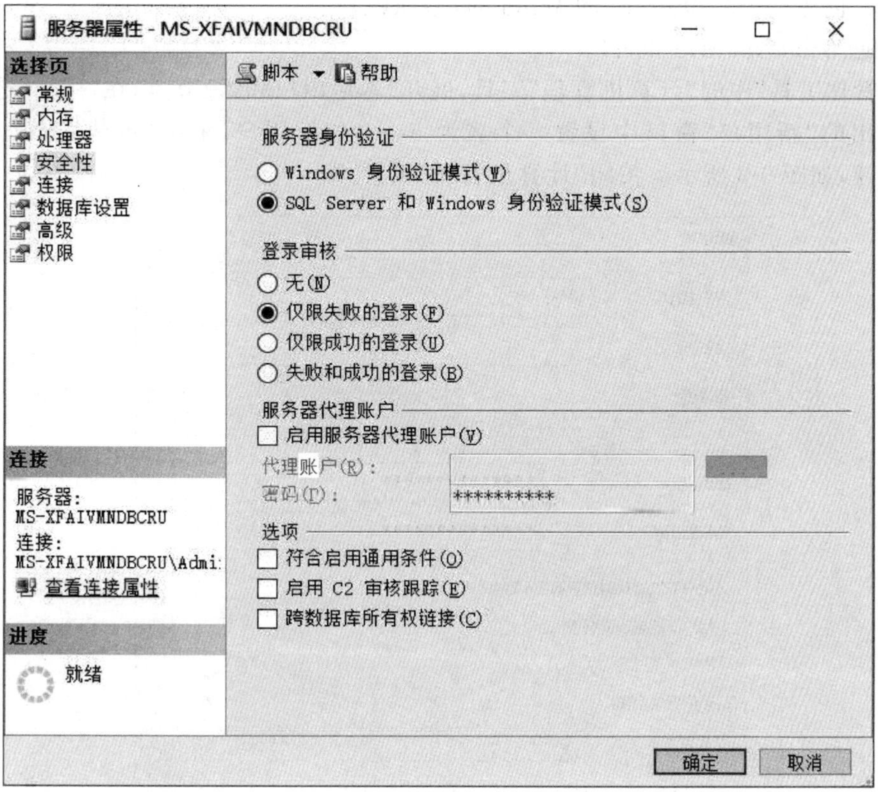

图 9-2　“安全性”选项

9.2.2　管理登录账户

1. 创建 Windows 登录账户

Windows 身份验证模式是默认的身份验证模式，它使用 Kerberos 安全协议，提供有关强密码复杂性验证的密码策略，还提供账户锁定支持，并且支持密码过期。通过 Windows 身份验证完成的连接也称为可信连接，这是因为 SQL Server 信任由 Windows 提供的凭据，因此 Windows 身份验证比 SQL Server 身份验证更为安全。

创建 Windows 登录账户的语法格式如下所示。

```
CREATE LOGIN LoginName FROM WINDOWS
[WITH DEFAULT_DATABASE= DatabaseName]
```

语法说明

(1)LoginName 用于指定要创建的登录账户名称，域登录名必须用方括号括起来，通常形式为[〈域名〉\〈登录名〉]。

(2) WITH DEFAULT_DATABASE 用于指定该登录账户登录 SQL Server 以后使用的默认数据库，如不指定，则该登录账户默认使用 master 系统数据库。设置默认数据库后，还应该在这个数据库内创建此登录账户对应的数据库用户，这样登录时默认数据库才可以生效。

不需要为 Windows 登录账户指定密码，因为 Windows 登录名已经有密码了，并且使用 Windows 身份验证模式不需要额外的密码信息。

例 9-1 创建一个名为 user1 的 Windows 登录账户。

(1)创建 Windows 用户 user1。

启动"管理工具"中的"计算机管理"工具,展开"本地用户和组"节点,在"用户"选项上右击鼠标,在弹出的"新用户"窗口中设置一个名为 user1 的新用户,单击"创建"按钮,完成用户 user1 的创建,如图 9-3 所示。关闭"计算机管理"工具。

新用户	? ×
用户名(U):	user1
全名(F):	
描述(D):	
密码(P):	•••••••••••••••
确认密码(C):	•••••••••••••••

☑用户下次登录时须更改密码(M)
□用户不能更改密码(S)
□密码永不过期(W)
□账户已禁用(B)

帮助(H)　　创建(E)　　关闭(O)

图 9-3　创建 Windows **用户** user1

(2)创建基于 user1 的 Windows 登录账户。

```
CREATE LOGIN[THINK\user1]FROM WINDOWS
GO
```

命令中的 THINK 可以是计算机的名字。在"我的电脑"上右击鼠标,选择"属性"菜单命令,在弹出窗口的"计算机名称、域和工作组设置"中可以查看"计算机名"。

2. 创建 SQL Server 登录账户

创建 SQL Server 登录账户的语法格式如下所示。

```
CREATE LOGIN LoginName
WITH PASSWORD= 'password'[MUST_CHANGE]
[,DEFAULT_DATABASE= DatabaseName]
[,CHECK_EXPIRATION= {ON|OFF}]
[,CHECK_POLICY= {ON|OFF}]
```

语法说明

(1)LoginName 用于指定要创建的登录账户名称。

(2)WITH PASSWORD='password '用于指定该登录账户的密码,密码是区分大小写的。选项[MUST_CHANGE]表示用户在下次登录时必须更改密码。

(3)DEFAULT_DATABASE 用于指定该登录账户登录 SQL Server 以后使用的默认数据库。

(4)CHECK_EXPIRATION={ON|OFF}指定是否对此 SQL Server 登录账户强制实施密码过期策略,默认值为 OFF。

(5)CHECK_POLICY={ON|OFF}指定是否对此 SQL Server 登录账户强制实施运行 SQL Server 的计算机的 Windows 密码策略,默认值为 ON。

例 9-2 创建一个名为 user2 的 SQL Server 登录账户。

```
CREATE LOGIN user2 WITH
PASSWORD= 'user2'
GO
```

例 9-3 创建一个名为 user3 的 SQL Server 登录账户,登录密码为"pwd_user3"要求在下一次登录时更改密码,默认数据库为 BookSale,对该账户应用本地密码策略并检查 Windows 过期策略。

```
CREATE LOGIN user3 WITH PASSWORD= 'pwd_user3'MUST_CHANGE,
DEFAULT_DATABASE= BookSale,
CHECK_EXPIRATION= ON,
CHECK_POLICY= ON
GO
```

密码复杂性是通过许多字符定义的。密码必须最少包含 8 个字符。密码必须至少包含 4 种字符中的 3 种:大写字母(A~Z)、小写字母(a~z)、数字(0~9)和特殊字符(空格、_、@、*、^、%、!、$、# 或 &)。密码不能匹配以下任何值:Admin、Administrator、Password、sa、sysadmin、安装 SQL Server 的主机名称、当前 Windows 账户名称的全部或部分(3 个或 3 个以上的连续字母两侧被空格、Tab、逗号、句号、下划线、破折号或者哈希符号分隔)。

密码过期由"密码最长有效期"组策略设置决定,账户终止取决于"账户锁定持续时间""账户锁定界值"和"重设账户锁定计数器的时间间隔"的值。

3. 修改登录账户

修改登录账户的语法格式如下所示。

```
ALTER LOGIN
LoginName
ENABLE|DISABLE
|WITH〈login_option〉[,...n]
〈login_option〉::=
{
PASSWORD= 'password'
|DEFAULT_DATABASE= database
|CHECK_EXPIRATION= {ON|OFF}
|CHECK_POLICY= {ON|OFF}
}
```

语法说明

(1)LoginName 用于指定要修改的登录账户名称。

(2)ENABLE|DISABLE 表示启用或禁用此登录账户。

(3)login_option 表示登录账户的属性。

①PASSWORD='password'表示为 SQL Server 登录账户指定更改的登录密码。

②DEFAULT_DATABASE 用于指定该登录账户登录 SQL Server 以后使用的默认数据库。

③CHECK_EXPIRATION={ON|OFF}指定是否对此 SQL Server 登录账户强制实施密码过期策略，默认值为 OFF。

④CHECK_POLICY={ON|OFF}指定是否对此 SQL Server 登录账户强制实施运行 SQL Server 的计算机的 Windows 密码策略，默认值为 ON。

例 9-4 将 Windows 登录账户[THINK\user1]的默认数据库设置为 BookSale，然后禁用该登录账户。

```
ALTER LOGIN[THINK\user1]
WITH
DEFAULT_DATABASE= BookSale
GO
ALTER
LOGIN[THINK\user1]DISABLE
GO
```

例 9-5 将 SQL Server 登录账户 user2 的密码改为“pwd_user2”，对该账户应用本地密码策略。

```
ALTER LOGIN user2
WITH PASSWORD= 'pwd_user2',
CHECK_POLICY= ON
GO
```

4. 删除登录账户

删除 Windows 登录账户的语法格式如下所示。

DROP LOGIN LoginName

例 9-6 删除 SQL Server 登录账户 user2 和 Windows 登录账户[THINK\user1]。

```
DROP LOGIN user2
GO
DROP LOGIN[THINK\user1]
GO
```

一个拥有任何安全对象、服务器级对象的登录账户不能被删除。

登录账户删除时，并不删除该登录名关联的数据库用户，从而产生孤立用户。

5. 拒绝连接

如果数据库管理员想要为一个 Windows 组中除了某一个用户以外的所有其他用户设置

SQL Server 访问权限,则数据库管理员可以为这个 Windows 创建登录账户，然后拒绝不允许访问的用户连接到 SQL Server。

拒绝用户连接到 SQL Server 的语法格式如下所示。

```
DENY CONNECT SQL TO LoginName
```

例 9-7　为 Windows 组 teacher(包括用户 user1 和 user2)创建登录账户,拒绝其中的用户 user2 连接到 SQL Server 服务器。

(1)创建 Windows 组 teacher,并在该组中添加两个用户 user1 和 user2。

①按照例 9-1 的方法在“计算机管理”工具中创建用户 user1 和 user2。

②在“组”选项上右击鼠标,在弹出的“新建组”窗口中设置组名为 teacher,单击“添加”按钮弹出“选择用户”窗口,在“输入对象名称来选择”文本框中输入“THINK\user1”,然后单击“确定”按钮,将用户 user1 加入组 teacher 中,再用同样的方法将 user2 加入组 teacher 中。在“新建组”窗口中单击“创建”按钮成功创建组 teacher。

③单击“关闭”按钮关闭“新建组”窗口,最后关闭“计算机管理”工具。

(2)创建基于组 teacher 的 Windows 登录账户。

```
CREATE LOGIN[THINK\teacher]FROM WINDOWS
GO
```

创建该登录账户后,teacher 组中的任何成员进入操作系统以后,都可以连接并登录到 SQL Server 服务器。

(3)拒绝基于组 teacher 中的用户 user2 连接到 SQL Server 服务器。

```
USE master
GO
DENY CONNECT SQL TO[THINK\user2]
GO
```

只有在当前数据库是 master 时,才能授予用户服务器范围内的权限。

被禁止连接到 SQL Server 数据库引擎的用户可以通过 GRANT CONNECT SQL TO 命令恢复连接。

9.2.3　服务器角色管理

1.服务器角色

角色提供了一种把用户汇集成一个单元,然后对该单元赋予一定权限,从而使该角色单元中的所有成员也拥有相应权限的方法,因此，角色是 SQL Server 用来集中管理服务器或数据库权限的工具。角色就好像现实生活中的职位。数据库管理员将操作服务器或数据库的权限赋予角色,就好像将职权赋予了一个职位。然后,数据库管理员可以将登录账户或数据库用户添加到角色中,从而使登录账户或数据库用户拥有相应的权限。图 9-4 是用户、角色和权限之间关系的示意图。权限可以赋予角色,也可以直接赋予用户,通过角色管理用户权限可以使权限管理的结构更加清晰。

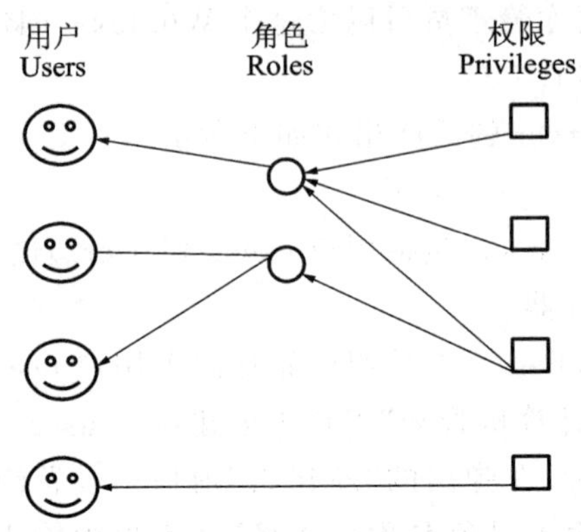

图 9-4　用户、角色和权限之间的关系

角色可以大大简化数据库管理员对用户权限的管理。例如现在有 100 个用户和 100 个权限，分别赋予每个用户这 100 个权限，数据库管理员需要完成 10000(100×100)次操作。有了角色的概念后，数据库管理员首先创建一个角色，将 100 个权限赋予这个角色，再将这个角色分配给 100 个用户，所以数据库管理员只需要完成 201(1＋100＋100)次操作即可。

SQL Server 系统提供了用于管理服务器权限的固定服务器角色和管理数据库权限的固定数据库角色，用户还可以创建自己的服务器角色和数据库角色。

服务器角色可分为以下几种。

(1)固定服务器角色。

SQL Server 提供了一组固定服务器角色，该角色是管理与维护服务器对象的用户组。之所以被称为固定服务器角色，是因为这些角色所拥有的权限是固定的，不能为这些角色增加权限，也不能删除它们的权限。通过添加登录账户为固定服务器角色的成员，就可以为登录账户分配相应的访问服务器安全对象的权限。

SQL Server 中的 8 种固定服务器角色包括：

①sysadmin：系统管理员，拥有 SQL Server 的所有权限，是最高的管理角色，可以执行服务器上的任何操作。

②securityadmin：安全管理员，负责管理登录和 CREATE DATABASE 权限，还可以读取错误日志和更改密码。

③serveradmin：服务器管理员，负责管理服务器的设置和关闭服务器的权限。

④setupadmin：设置管理员，负责添加和删除连接服务器，执行某些系统存储过程。

⑤processadmin：进程管理员，管理 SQL Server 的进程，包括管理磁盘文件。

⑥dbcreator：数据库创建者，可以创建、更改和删除数据库。

⑦bulkadmin：执行大容量操作的管理员，可以执行 BULK INSERT 语句，但需要有 INSERT 权限。

⑧diskadmin：磁盘管理员，管理磁盘文件，如镜像数据库和添加备份设备。

(2)public 角色。

除以上 8 种固定服务器角色外，还有一种特殊的服务器角色，即 public 角色。该角色具有以下特点。

①每个 SQL Server 登录名均属于 public 服务器角色。该角色的成员关系无法改变。

②如果未向某个服务器主体授予或拒绝对某个安全对象授予特定权限,用户将继承授予该对象 public 角色的权限。因此,当希望该对象对所有用户可用时,只需对任何对象分配 public 权限即可。

③public 的实现方式与其他角色不同。但是,可以从 public 授予、拒绝或撤销权限。

(3)用户定义的服务器角色。

从 SQL Server 开始,用户可以创建用户定义的服务器角色,并将服务器级权限添加到用户定义的服务器角色中。

用户可以将服务器级主体(SQL Server 登录名、Windows 账户和 Windows 组)添加到服务器级角色中。

2. 管理服务器角色

(1)创建新的用户定义的服务器角色。

创建新的用户定义的服务器角色的语法格式如下所示。

```
CREATE SERVER ROLE server_role_name[AUTHORIZATION server_principal]
```

语法说明

①server_role_name 指定待创建的服务器角色的名称。

②AUTHORIZATION server_principal 指定即将拥有新服务器角色的登录账户或固定服务器角色。如果未指定登录账户，则执行 CREATE SERVER ROLE 的登录账户将拥有该服务器角色。

例 9-8 创建一个 SQL Server 登录账户 user3 拥有的服务器角色 srvrole1。

```
CREATE SERVER ROLE srvrole1 AUTHORIZATION
user3 GO
```

(2)更改服务器角色的成员身份。

更改服务器角色的成员身份的语法格式如下所示。

```
ALTER SERVER ROLE server_role_name
{
[ADD MEMBER server_principal]
|[DROP MEMBER server_principal]
|[WITH NAME= new_server_role_name]
}
```

语法说明

①server_role_name 指定要更改的服务器角色的名称,可以是固定服务器角色名称,也可是用户定义的服务器角色名称。

②ADD MEMBER server_principal 表示将指定的服务器主体添加到服务器角色中。server_principal 可以是登录账户或用户定义的服务器角色,但不能是固定服务器角色、数据库角色或 sa。

③DROP MEMBER server_principal 表示从服务器角色中删除指定的服务器主体。

④WITH NAME=new_server_role_name 指定用户定义的服务器角色的新名称,该名称不能已存在。

例 9-9 将用户定义的服务器角色 srvrole1 改名为 manager。

```
ALTER SERVER ROLE srvrole1 WITH
NAME= manager GO
```

(3)查看固定服务器角色成员。

查看固定服务器角色成员的语法格式如下所示。

```
EXEC sp_helpsrvrolemember'server_role_name'
```

语法说明

server_role_name 指定要查看的固定服务器角色的名称。

例 9-10 查看固定服务器角色 dbcreator 的成员。

```
EXEC sp_helpsrvrolemember'dbcreator' GO
```

该存储过程只能查看固定服务器角色的成员，无法查看用户定义的服务器角色的成员。下面的命令可以查看所有服务器角色的成员。

```
SELECT SRM.role_principal_id,SP.name AS Role_Name,
SRM.member_principal_id,SP2.name AS Member_Name
FROM sys.server_role_members AS SRM
JOIN sys.server_principals AS SP
ON SRM.Role_principal_id= SP.principal_id
JOIN sys.server_principals AS SP2
ON SRM.member_principal_id= SP2.principal_id
ORDER BY SP.name,SP2.name
```

(4)删除用户定义的服务器角色。

删除用户定义的服务器角色的语法格式如下所示。

```
DROP SERVER ROLE server_role_name
```

语法说明

server_role_name 指定要删除的用户定义的服务器角色的名称。

例 9-11 将用户定义的服务器角色 manager 删除。

```
ALTER SERVER ROLE manager DROP
MEMBER[THINK\teacher] GO
DROP SERVER ROLE
manager GO
```

只有不包括成员的用户定义的角色才能被删除。

3. 特殊的 SQL Server 登录账户 sa

在完成 SQL Server 的安装以后，系统就建立了一个特殊的 SQL Server 登录账户 sa。系统自动将固定服务器角色 sysadmin 分配给 sa 账户，所以 sa 账户拥有服务器级别最高的管理权限，可以执行服务器范围内的所有操作。

图 9-5 是对 SQL Server 服务器安全管理的总结。从图 9-5 中可以看出，可以将 Windows 的用户或工作组映射为 SQL Server 服务器的登录账户，这些用户进入操作系统以后就可以登

录到 SQL Server 服务器。另外 SQL Server 也可建立自己的登录账户,这些登录账户中有一个特殊的账户 sa,它是系统自动创建的账户。

为了管理 SQL Server 服务器范围内的权限,SQL Server 引入了角色的概念,这些角色包括 8 种固定服务器角色、1 种特殊角色(public 角色)和 1 种用户定义的服务器角色。除了用户定义的服务器角色以外,其他角色的权限都是固定的,无法进行更改。其中,账户 sa 属于固定服务器角色 sysadmin。

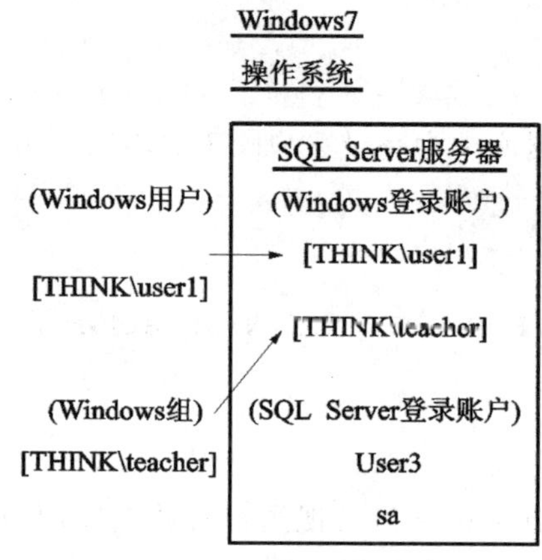

图 9-5　SQL Server 服务器安全管理总结

9.3　SQL Server 数据库安全管理

在为 SQL Server 服务器配置身份验证模式并创建登录账户以后,需要授予它们合适的数据库访问权限。数据库安全管理是指将需要访问数据库的登录账户映射为数据库用户,使其具有访问数据库及其对象的合法权限。为了便于管理数据库用户,系统可以为数据库用户分配数据库角色。另外,在 SQL Server 系统中,数据库用户不能直接拥有表、视图等数据库对象,而是通过架构拥有这些对象。

9.3.1　数据库用户管理

一个登录账户成功地通过了 SQL Server 服务器验证后,若想访问某个数据库,就必须在该数据库中有对应的数据库用户。一个登录账户可映射到不同的数据库中成为数据库用户。数据库用户是数据库级的主体,是登录账户在数据库中的映射,是在数据库中执行操作和活动的行动者。

1. 创建数据库用户

在指定的数据库中,创建数据库用户的语法格式如下所示。

```
CREATE USER UserName[FOR LOGIN LoginName]
```

语法说明

(1)UserName 指定数据库用户名。

(2)由于数据库用户是 SQL Server 服务器登录账户在数据库中的映射,所以在创建数据库用户时可以指定登录账户名 LoginName。如果没有指定登录账户名,则说明 UserName 既是数据库用户名,又是登录账户名。

例 9-12 在 BookSale 数据库中为登录账户 user3 创建同名用户。

```
USE BookSale
GO
CREATE USER
user3 GO
```

例 9-13 在 BookSale 数据库中为登录账户[THINK\teacher]创建用户 teacher。

```
USE BookSale
GO
CREATE USER teacher FOR LOGIN[THINK\teacher]
GO
```

2. 查看数据库用户

可以使用 sys.database_principals 目录视图查看数据库用户的信息。

例 9-14 查看数据库 BookSale 中的用户信息。

```
USE BookSale
GO
SELECT *  FROM sys.database_principals
GO
```

3. 修改和删除数据库用户

(1)修改数据库用户。

使用 ALTER USER 语句修改数据库用户。

例 9-15 将数据库用户 User3 的名字改为 DBuser3。

```
USE BookSale
GO
ALTER USER user3 WITH
NAME= DBuser3 GO
```

(2)删除数据库用户。

使用 DROP USER UserName 语句删除指定的数据库用户。

4. 默认数据库用户

SQL Server 的每个数据库都提供 4 个不能被删除的默认数据库用户。

(1)dbo。

dbo 是数据库的拥有者和管理员,不能删除。每个数据库中都有一个 dbo 用户,可以在数据库范围内执行一切操作。

在系统数据库中,dbo 用户对应于默认的登录账户 sa;在用户数据库中,dbo 用户对应于

创建该数据库的登录账户。

(2)guest。

guest 是不与任何登录账户关联的数据库用户，不能删除。当一个没有映射到数据库用户的登录账户试图访问一个数据库时，系统将登录用户映射为 guest 用户。默认情况下不允许 guest 用户连接数据库，但可以通过激活语句启用 guest 用户。

例 9-16　启用 BookSale 数据库中的 guest 用户。

```
USE BookSale
GO
GRANT CONNECT TO
guest GO
```

由于 guest 用户可以为所有 SQL Server 服务器登录账户提供访问数据库的途径，所以启用 guest 用户并为该用户授权时一定要谨慎。

(3)INFORMATION_SCHEMA 和 sys。

INFORMATION_SCHEMA 和 sys 作为数据库用户出现在目录视图中。这两个实体是 SQL Server 所必需的，但它们不是访问数据库安全对象的主体。

5. 孤立数据库用户

孤立数据库用户是指没有映射到当前 SQL Server 实例中的登录名的数据库用户。在 SQL Server 中，如果删除一个数据库用户映射的登录名，该用户将变为孤立数据库用户。

9.3.2　架构

架构是一个存放数据库对象的容器，表、视图、存储过程等数据库对象必须属于某个架构。在同一架构中，每个对象的名称都是唯一的。从包含关系上来讲，数据库位于服务器内部，而架构位于数据库内部，是数据库级的安全对象，也是数据对象的逻辑容器。引入架构以后，访问数据库对象时，如果使用完全对象限定名称，应采用以下模式，即：服务器名.数据库名.架构名.数据库对象。

```
server.database.schema.object
```

1. 默认架构

在 SQL Server 中，用户如果没有对自己的默认架构做设置，那默认架构就是 dbo。例如，创建数据库用户时没有为它们指定默认架构，所以这两个数据库用户的默认架构都是 dbo。如果是访问默认架构中的对象则可以忽略架构名称，否则在访问表、视图等对象时需要指定架构名称。

当一个数据库用户访问数据库对象且没有指定该对象的架构时，SQL Server 将尝试在用户的默认架构中查找这个对象，如果没有找到，则 SQL Server 会尝试在 dbo 架构中寻找这个对象。

假设当前数据库中有两个用户，其中 U1 的默认架构是 dbo，而 U2 的默认架构是 schema1；该数据库有两个表，其中 T1 属于默认架构 dbo，T2 属于架构 schema1，在创建数据库用户时，可以为用户指定默认架构，使用关键词 DEFAULT_SCHEMA 就可以为数据库用户指定默认架构。

例 9-17 在数据库 BookSale 中创建基于登录账户 user1 的数据库用户，并为该用户指定默认架构 Sale。

```
USE BookSale
GO
CREATE USER user1 WITH
DEFAULT_SCHEMA= Sale GO
```

虽然数据库 BookSale 中还不存在架构 Sale，但是可以将数据库用户的默认架构指定为当前不存在的架构。

例 9-18 数据库 BookSale 中的用户 teacher 当前的默认架构是 dbo，将其默认架构修改为 Sale。

```
USE BookSale
GO
ALTER USER teacher WITH
DEFAULT_SCHEMA= Sale GO
```

2.创建架构

默认架构 dbo 不需要创建，但其他架构需要手工添加。创建架构的语法格式如下所示。

```
CREATE SCHEMA SchemaName
[AUTHORIZATION owner_name][〈schema_element〉[...n]]
〈schema_element〉::=
{
}
table_definition|view_definition|grant_statement
|revoke_statement|deny_statement
```

语法说明

(1)SchemaName 指定架构的名称。

(2)AUTHORIZATION owner_name 指定将拥有架构的数据库级主体的名称。此主体还可以拥有其他架构，并且可以不使用当前架构作为其默认架构。在创建架构时，如果没有指定架构的所有者，则这个架构属于数据库用户 dbo。

(3)schema_element 指定架构元素。

①table_definition 指定在架构内创建表的 CREATE TABLE 语句。

②view_definition 指定在架构内创建视图的 CREATE VIEW 语句。

③grant_statement 指定可对除了新架构之外的任何安全对象授予权限的 GRANT 语句。

④revoke_statement 指定可对除了新架构之外的任何安全对象撤销权限的 REVOKE 语句。

⑤deny_statement 指定可对除了新架构之外的任何安全对象拒绝授予权限的 DENY 语句。

例 9-19　在数据库 BookSale 中创建一个架构 Sale，并将该架构的所有者指定为数据库用户 user1。

```
USE BookSale
GO
CREATE SCHEMA Sale AUTHORIZATION user1
GO
```

例 9-20　在数据库 BookSale 中创建一个名为 Manager 的架构，并设置其所有者为 teacher，同时创建一个属于该架构的表 Sales。

```
USE BookSale
GO
CREATE SCHEMA Manager AUTHORIZATION
teacher CREATE TABLE Manager.Sales
(orderID int,
salerID int
)
GO
```

创建数据库对象时可以指定该对象属于哪个架构，如果没有指定属于哪个架构，则该数据库对象属于默认架构 dbo。指定数据库对象所属架构的方法是在数据库对象名前加上“SchemaName.”。例如，在当前服务器的当前数据库中创建表 Table1，而且表 Table1 属于数据架构 Schema1，则创建表的语句应该写为：CREATE TABLE Schema1. Table1...。

需要注意的是，数据库用户的默认架构和数据库用户拥有的架构是不同的。数据库用户的默认架构是指数据库用户在创建或访问数据库对象时默认可以使用的架构，而数据库用户拥有的架构是指该数据库用户可以管理的架构。

3. 修改和删除架构

修改架构是指将其他架构中的数据库对象转移到被修改的架构中，使用 ALTER SCHEMA 语句可以修改架构。架构可以被修改，也可以被删除，使用 DROP SCHEMA 语句可以删除架构，但如果架构包含数据库对象则架构不能被删除。需要先将架构中的数据库对象移到其他架构中，然后再删除。

例 9-21　将架构 Manager 中包含的表 Sales 转移到架构 Sale 中，然后删除架构 Manager。

```
USE BookSale
GO
ALTER SCHEMA Sale TRANSFER
Manager.Sales GO
DROP SCHEMA
Manager GO
```

由于数据库对象的权限与所属的架构紧密关联，所以将对象转移到新架构时，与该对象关联的所有权限都将被删除。

9.3.3 数据库角色管理

SQL Server 的数据库角色是数据库用户构成的组。

1. 数据库角色

(1)固定数据库角色。

SQL Server 在数据库级设置了 9 个固定数据库角色,用来提供最基本的数据库权限的管理。它们分别为:

①db_owner:此角色的成员可以执行数据库中的所有操作,包括创建、修改、删除数据库对象,以及执行所有维护活动。只有 db_owner 成员可以向 db_owner 角色中添加成员。

②db_securityadmin:此角色的成员可以管理数据库中的安全权限,包括修改自定义角色的成员资格和管理权限。

③db_accessadmin:此角色的成员可以为 Windows 登录名、Windows 组和 SQL Server 登录名添加或删除数据库访问权限。

④db_backupoperator:此角色的成员可以备份数据库,并可以发布 DBCC 和 CHECKPOINT 语句,这两个语句一般在备份前都会被执行。

⑤db_ddladmin:此角色的成员可以在数据库中执行所有 DDL 操作,如创建、修改和删除表、视图等数据库对象。

⑥db_datareader:此角色的成员可以查看所有数据库中用户表内的数据。

⑦db_datawriter:此角色的成员可以添加、修改或删除所有数据库中用户表内的数据。

⑧db_denydatareader:此角色的成员不能查看数据库中的任何数据。

⑨db_denydatawriter:此角色的成员不能改变数据库中的任何数据。

(2)public 角色。

除 9 个固定数据库角色外,还有一个特殊的角色,即 public 角色。该角色有如下特点。

①public 角色存在于每一个数据库中,而且不能被删除。

②public 角色在初始状态时没有任何权限,但可以为该角色分配权限。

③为 public 角色授予权限时,实际上是为所有数据库用户授予权限,这是因为所有的数据库用户都是该角色的成员,并且这是自动的、默认的、不可变的,因此,数据库中的所有用户都会自动继承 public 角色的权限。

(3)用户定义的数据库角色。

创建用户定义的数据库角色就是创建一组用户,这些用户具有相同的一组许可。如果一组用户需要执行在 SQL Server 中指定的一组操作且不存在对应的工作组,或者没有管理工作用户账号的许可,就可以在数据库中建立一个用户定义的数据库角色。用户定义的角色有两种:标准角色和应用程序角色。

标准角色通过对用户权限等级的认定而将用户划分为不同的用户组,从而实现管理的安全性。所有的固定数据库角色或 SQL Server 管理者自定义的角色都是标准角色。

应用程序角色是一种比较特殊的角色。当需要让某些用户只能通过特定的应用程序间接而不是直接地存取数据库数据时,就应该考虑使用应用程序角色。

2. 管理数据库角色

(1)创建新的用户定义的数据库角色。

创建新的用户定义的数据库角色的语法格式如下所示。

```
CREATE ROLE role_name[AUTHORIZATION owner_name]
```

语法说明

①role_name 指定待创建的数据库角色的名称。

②AUTHORIZATION owner_name 表示即将拥有新数据库角色的数据库用户或固定数据库角色。如果未指定用户，则执行 CREATE ROLE 的用户将拥有该数据库角色。

例 9-22　在数据库 BookSale 中创建一个自定义角色 student。

```
USE BookSale
GO
CREATE ROLE student
GO
```

(2)更改数据库角色的成员。

更改数据库角色的成员的语法格式如下所示。

```
ALTER ROLE role_name
{
[ADD MEMBER database_principal]
|[DROP MEMBER database_principal]
|WITH NAME= new_role_name
}
```

语法说明

①role_name 指定要更改的数据库角色的名称，可以是固定数据库角色名称，也可以是用户定义的数据库角色名称。

②ADD MEMBER database_principal 表示将指定的数据库主体添加到数据库角色中。database_principal 可以是用户或用户定义的数据库角色，但不能是固定数据库角色或服务器主体。

③DROP MEMBER database_principal 表示从数据库角色中删除指定的数据库主体。

④WITH NAME=new_role_name 指定用户定义的数据库角色的新名称，该名称不能已存在。

例 9-23　在数据库 BookSale 中，将数据库用户 user1 添加到数据库角色 student 中，将数据库角色 student 添加到固定数据库角色 db_ddladmin 中。

```
USE BookSale
GO
ALTER ROLE student ADD MEMBER
user1 GO
ALTER ROLE db_ddladmin ADD MEMBER
student GO
```

将一个数据库角色分配给另一个数据库角色叫作角色的嵌套,这种方式可以实现较复杂的权限管理。例如,如果角色 student 的权限中包含 db_ddladmin 角色的权限以及另外的一个权限,那么就可以将角色 student 添加到角色 db_ddladmin 中,然后单独为角色 student 分配另一个权限即可。

例 9-24 在数据库 BookSale 中，将用户定义的数据库角色 student 从固定数据库角色 db_ddladmin 中删除。

```
USE BookSale
GO
ALTER ROLE db_ddladmin DROP MEMBER
student GO
```

(3)查看数据库角色的成员。

查看数据库角色成员的语法格式如下所示。

```
EXEC sp_helprolemember 'role_name'
```

语法说明

role_name 表示当前数据库中,要查看的数据库角色的名称。

例 9-25 在数据库 BookSale 中,查看数据库角色 student 的成员。

```
USE BookSale
GO
EXEC sp_helprolemember 'student' GO
```

(4)删除用户定义的数据库角色。

删除用户定义的数据库角色的语法格式如下所示。

```
DROP ROLE role_name
```

语法说明

role_name 表示当前数据库中,要删除的用户定义的数据库角色的名称。

例 9-26 删除用户定义的角色 student。

```
USE BookSale
GO
ALTER ROLE student DROP MEMBER
user1 GO
DROP ROLE student
GO
```

只有不包括成员的用户定义的角色才能被删除。

图 9-6 是对 SQL Server 服务器与数据库 BookSale 安全管理的总结。

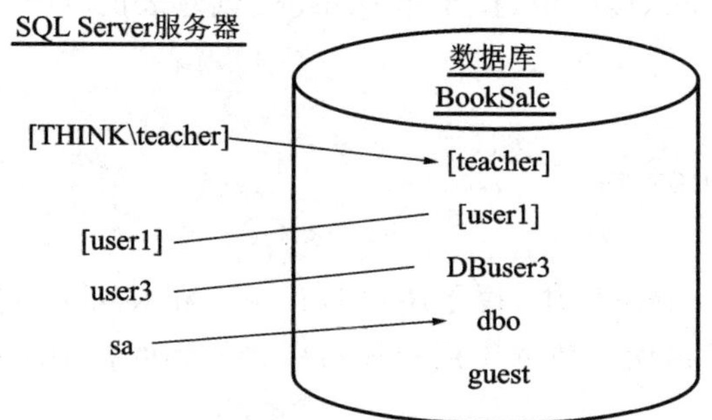

图 9-6　SQL Server 服务器与数据库 BookSale 安全管理总结

9.4　权限管理

权限是执行操作、访问数据的通行证。只有拥有了针对某安全对象的指定权限，才能对该对象执行相应的操作。权限管理是指将安全对象的权限对相关主体进行授予、取消（收回）和拒绝操作。

9.4.1　权限的授予

1. 授予数据库对象的访问权限

授予数据库对象的访问权限的语法格式如下所示。

```
GRANT{ALL|Permission[,...n]}
ON{TableName|ViewName[(Column[,...n])]}
To SecurityAccount[,...n][WITH GRANT OPTION]
```

语法说明

(1)ALL 表示将数据库对象所有可以应用的权限都授予用户，不建议使用该参数，一般用 Permission 指出可用的具体权限。

(2)ON 用于指出将哪个数据库对象（表或视图）或者其列的权限授予用户。

(3)TO 用于指出将访问权限授予哪个或哪些用户。

(4)WITH GRANT OPTION 指定级联授权，也就是说，用户在获得相应权限的同时还可以将其获得的权限再授予其他用户。

2. 授予数据库命令的执行权限

授予数据库命令的执行权限的语法格式如下所示。

```
GRANT{ALL|statement[,...n]}TO SecurityAccount[,...n]
```

语法说明

(1)ALL 表示将数据库对象所有可以应用的权限都授予用户，不建议使用该参数，一般用 statement 指出可用的具体权限。

(2)TO 用于指出将执行权限授予哪个或哪些用户。

例 9-27 在数据库 BookSale 中，授予用户 user1 创建表的权限。

```
USE BookSale
GO
GRANT CREATE TABLE TO
user1 GO
```

例 9-28 在数据库 BookSale 中，授予用户 DBuser3 和 teacher 对表 Customers 的查询、插入、删除和更新权限，并且这两个数据库用户还可以将得到的权限再授予其他人。

```
USE BookSale
GO
GRANT SELECT, INSERT, DELETE, UPDATE ON Customers TO DBuser3, teacher
WITH GRANT OPTION
GO
```

例 9-29 将对数据库 BookSale 中 Books 表的查询权限授予所有数据库用户。

```
USE BookSale
GO
GRANT SELECT ON Books TO
public GO
```

9.4.2 权限的回收

1. 回收数据库对象的访问权限

回收数据库对象的访问权限的语法格式如下所示。

```
REVOKE{ALL|Permission[,...n]}
ON{TableName|ViewName[(Column[,...n])]}
FROM SecurityAccount[,...n][CASCADE]
```

语法说明

(1)FROM 用于指定回收哪个数据库对象(表或视图)或者其列的权限。

(2)CASCADE 指定级联回收权限，也就是说，在回收用户权限的同时，将该用户授予其他人的相应权限也回收回来。

回收数据库命令的执行权限

2. 回收数据库命令的执行权限

回收数据库命令的执行权限的语法格式如下所示。

```
REVOKE{ALL|statement[,...n]}FROM SecurityAccount[,...n]
```

例 9-30 在数据库 BookSale 中，收回用户 DBuser3 对表 Customers 的 SELECT 权限。

```
USE BookSale
GO
REVOKE SELECT ON Customers FROM DBuser3
CASCADE GO
```

9.4.3　权限的拒绝

在授予用户权限以后，数据库管理员可以根据实际情况在不回收用户访问权限的情况下，拒绝用户访问数据库对象。

1. 拒绝数据库对象的访问权限

拒绝数据库对象的访问权限的语法格式如下所示。

```
DENY{ALL|Permission[,...n]}
ON{TableName|ViewName[(Column[,...n])]}
To SecurityAccount[,...n][WITH GRANT OPTION]
```

2. 拒绝数据库命令的执行权限

拒绝数据库命令的执行权限的语法格式如下所示。

```
DENY{ALL|statement[,...n]}TO SecurityAccount[,...n]
```

例 9-31　在数据库 BookSale 中，拒绝 user1 创建表的权限。

```
USE BookSale
GO
DENY CREATE TABLE TO
user1 GO
```

例 9-32　在数据库 BookSale 中，拒绝用户 teacher 对 Books 表的查询权限。

```
USE BookSale
GO
DENY SELECT ON Books TO
teacher GO
```

9.5　实训指导

1. 创建和管理 SQL Server 服务器安全登录账户

创建一个名为 sql1 的 SQL Server 登录账户。

(1)启动 SSMS，在“对象资源管理器”中展开“安全性”节点，在“登录名”节点上右击鼠标，在弹出的快捷菜单中选择“新建登录名”命令，弹出“登录名-新建”窗口。

(2)在“选择页”列表中选择“常规”选项，如图 9-7 所示。

(3)在“选择页”列表中选择“服务器角色”选项，如图 9-8 所示，设置账户所属的固定服务器角色。

(4)在“选择页”列表中选择“用户映射”选项，如图 9-9 所示，设置账户可以访问的数据库，以及在该数据库中担任的数据库角色，即为登录账户指定一个映射到数据库中的数据库用户。

(5)在“选择页”列表中选择“安全对象”选项，如图 9-10 所示，授予登录账户对服务器范围内的安全对象的访问权限。单击“搜索”按钮，在弹出的“添加对象”对话框中选择“特定类型的

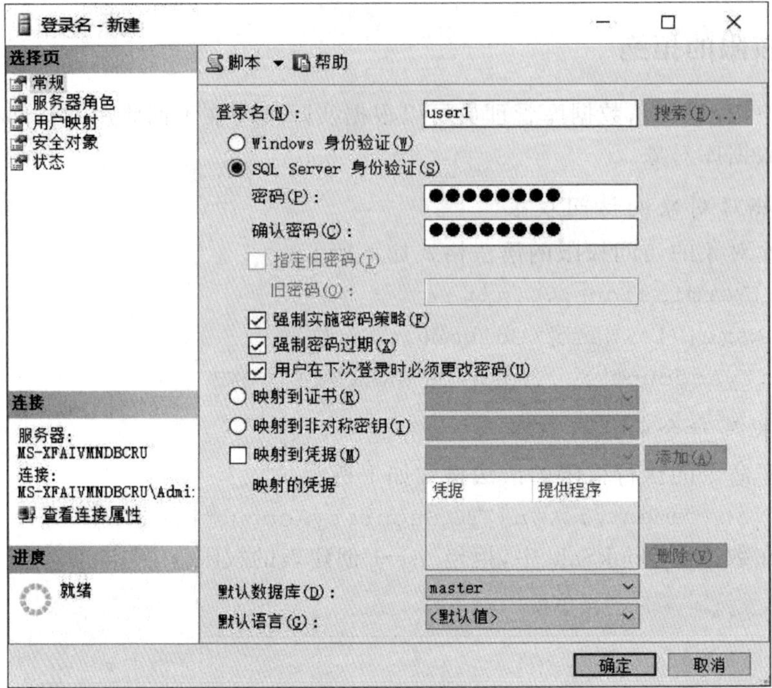

图 9-7 “常规”选项 1

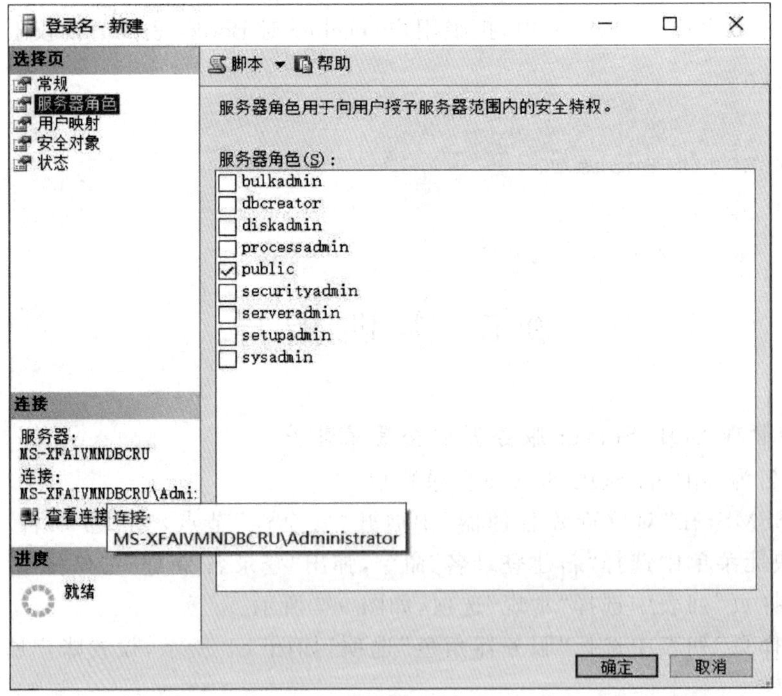

图 9-8 “服务器角色”选项

所有对象”前的单选按钮，单击“确定”按钮，在弹出的“选择对象类型”对话框中选择“登录名”，单击“确定”按钮，回到“登录名”对话框。在该选项页中不做任何处理，但是可以了解到，通过这种方式可以管理对特定对象的操作权限。

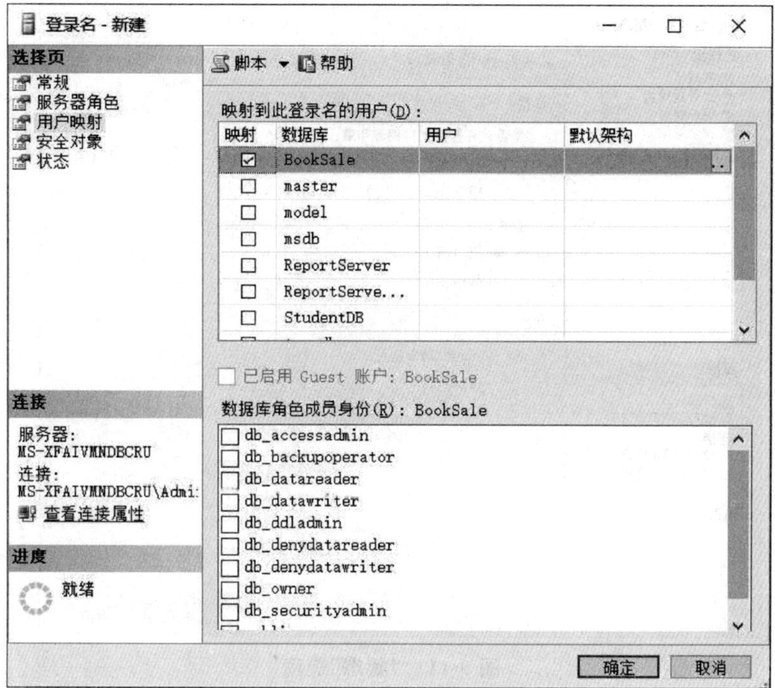

图 9-9　“用户映射”选项

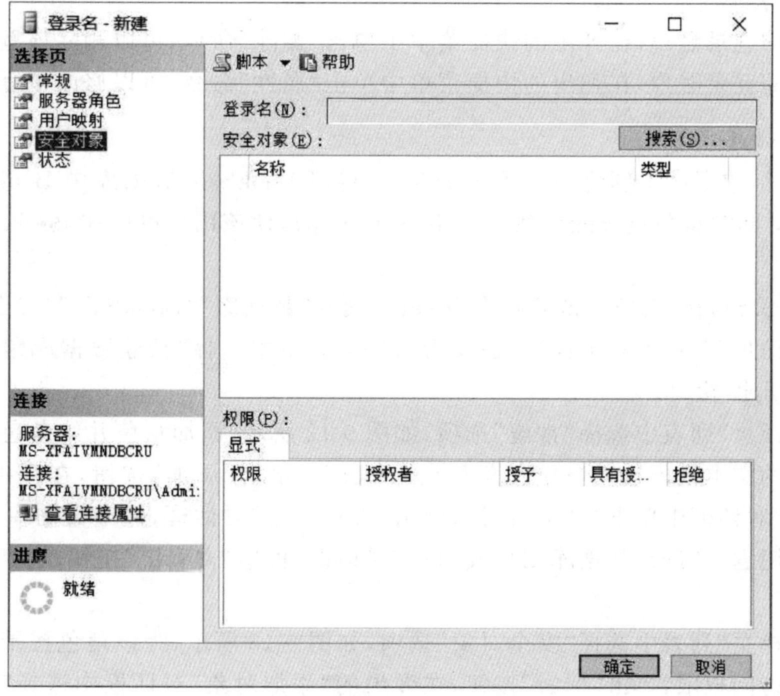

图 9-10　“安全对象”选项 1

(6)在“选择页”列表中选择“状态”选项，如图 9-11 所示，设置登录账户登录服务器的状态。该选项页保持默认设置。

(7)单击“确定”按钮，关闭“登录名-新建”窗口，完成 SQL Server 登录账户的创建。

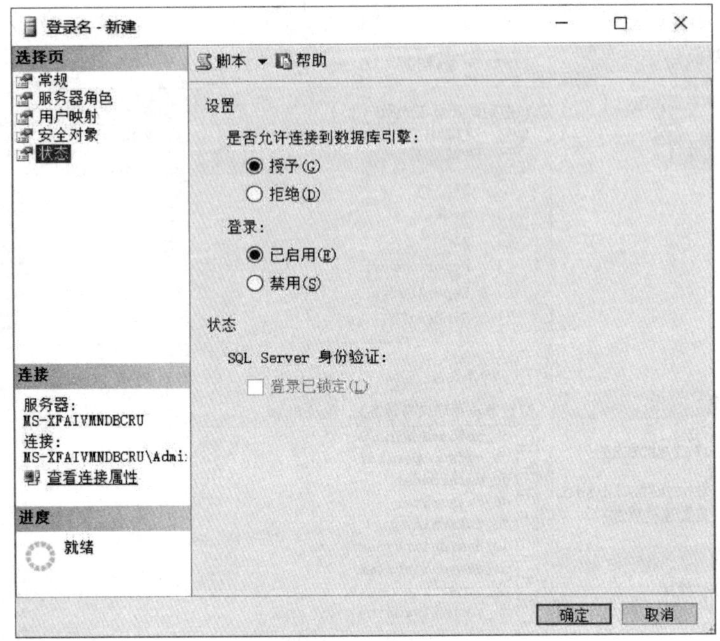

图 9-11 “状态”选项

启动 SSMS,在“对象资源管理器”中依次展开“安全性”“登录名”节点,可以查看创建的 SQL Server 登录账户。

右击选定的登录账户,在弹出的快捷菜单中单击“删除”命令,可以删除该登录账户。

右击选定的登录账户,在弹出的快捷菜单中单击“属性”命令,可以修改该登录账户。

2. 管理数据库用户

在 BookSale 数据库中创建一个角色 role1。将对 BookSale 数据库中 Books 表查询的权限授予该角色，同时将角色分配给数据库用户 usersql1,使该用户可以在 Books 表上执行 SELECT 查询。

(1)启动 SSMS,在“对象资源管理器”中依次展开“数据库”“BookSale”“安全性”“角色”节点,在“数据库角色”节点上右击鼠标,在弹出的快捷菜单中选择“新建数据库角色”命令,弹出“数据库角色-新建”窗口。

(2)在“选择页”列表中选择“常规”选项,如图 9-12 所示,添加角色并给角色添加成员。在“角色名称”后的文本框内输入自定义角色名“role1”。单击“添加”按钮,在弹出的“选择数据库用户或角色”对话框中单击“浏览”按钮,弹出“查找对象”对话框,选中数据库用户 usersql1,单击“确定”按钮返回“选择数据库用户或角色”对话框,再单击“确定”按钮,返回“数据库角色-新建”窗口。

(3)在“选择页”列表中选择“安全对象”选项,如图 9-13 所示,为该角色授予对数据库范围的安全对象的访问权限,单击“搜索”按钮,在弹出的“添加对象”对话框中选择“特定类型的所有对象”前的单选按钮,单击“确定”按钮,在弹出的“选择对象类型”对话框中选择“表”前的单选按钮,单击“确定”按钮,回到“数据库角色-新建”对话框。在“安全对象”列表中选中 Books 表，在“dbo. Books 的显式权限”列表中,选中“选择”权限的“授予”项的按钮,将对 Books 表检索的权限授予数据库角色 role1。

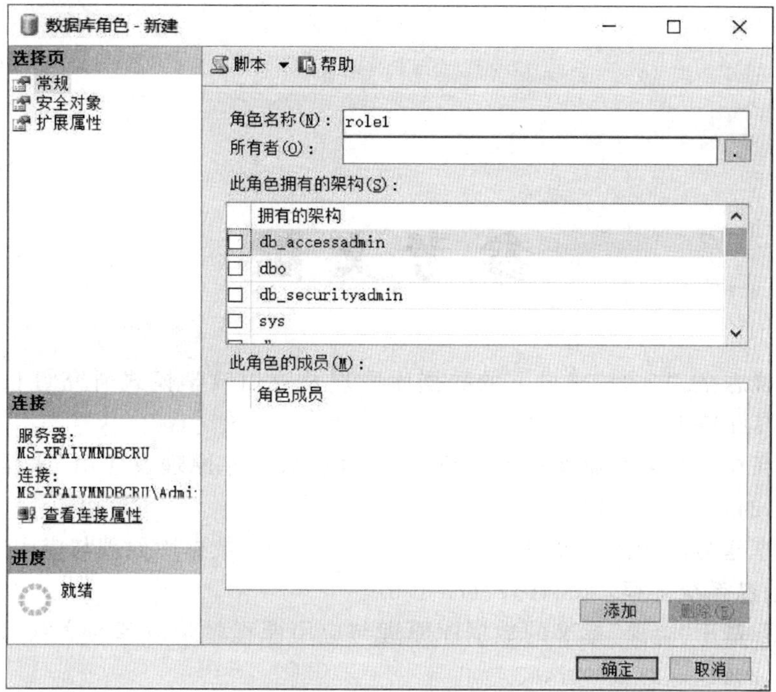

图 9-12　“常规”选项 2

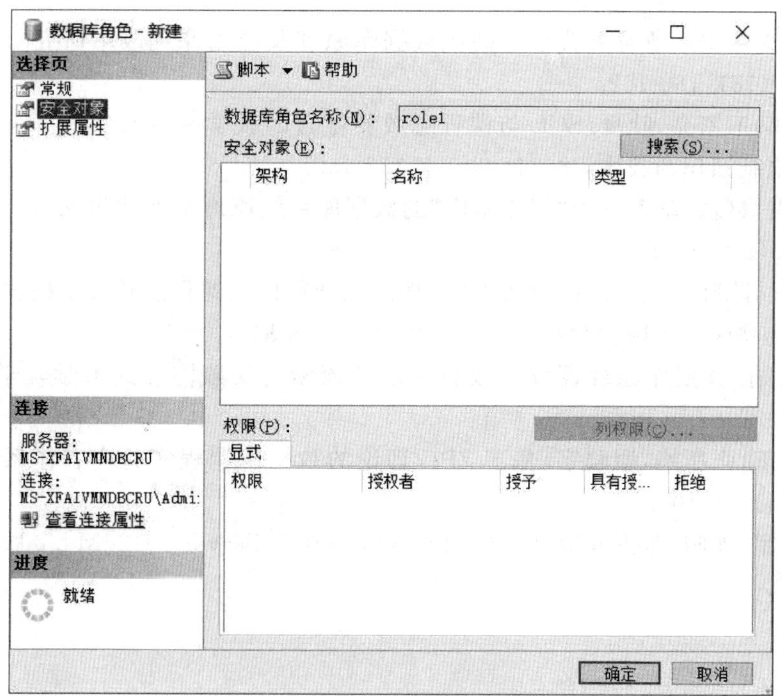

图 9-13　“安全对象”选项 2

(4)单击“确定”按钮，关闭“数据库角色-新建”窗口，完成了自定义角色的创建，以及自定义角色的授权操作。

参 考 文 献

[1] 徐静，姚志垒."金课"建设下的数据库原理及应用教学模式研究[J]. 电脑知识与技术，2023，19(9)：165-167.

[2] 方智. 高校工科类专业课程思政研究——以"数据库原理及应用"课程为例[J]. 计算机应用文摘，2024，40(9)：22-24.

[3] 陆叶，李廷会，蒋清红，等. 基于 CBCL 教学模式的"数据库原理与应用"课程思政教学改革实践[J]. 信息系统工程，2024(5)：173-176.

[4] 李月军. 基于"金课"标准的数据库原理与应用课程教学改革与实践[J]. 创新创业理论研究与实践，2024，7(2)：25-27，63.

[5] 陆冰琳. 新工科背景下电子商务专业数据库原理与应用课程教学研究与实践[J]. 教育信息化论坛，2024(3)：39-41.

[6] 杨健. 大数据产业发展背景下高职数据库原理及应用课程改革研究[J]. 电脑知识与技术，2024，20(18)：160-162.

[7] 刘丽娜，王家亮，叶夏. SCL 与课程思政相融合的教学探索与实践——以数据库系统原理为例[J]. 电脑知识与技术，2024，20(1)：157-159.

[8] 邹先霞，赵森. 基于华为"智能基座"的数据库系统原理金课建设探索与实践[J]. 高教学刊，2024，10(2)：88-91.

[9] 黄荣兵，陈晓丹，易发胜. 融入 OBE 理念的计算机类课程思政教学模式探索——以数据库原理课程为例[J]. 中国教育技术装备，2024(8)：78-81.

[10] 亓文娟. 数据库原理课程思政教学改革探索与实践[J]. 武夷学院学报，2024，43(3)：105-109.

[11] 宋金玉，张所娟，谢晓宇. 基于 ZPD 理论的数据库课程实验内容体系构建[J]. 计算机教育，2024(4)：96-100.

[12] 尹志宇，郭晴. 数据库原理与应用教程——SQL Server 2012[M]. 2 版. 北京：清华大学出版社，2023.